Werner Adelmaier
Karl Filser
Wolfgang Hasberg
Michael Wandl

Geschichten erzählen 3

So lebten
die Menschen
im Zeitalter des
Absolutismus und
der Aufklärung

D1703219

ÖBV Pädagogischer Verlag, Wien
www.oebv.at
In Verlagsgemeinschaft mit:
Ed. Hölzel, Wien
Hölder-Pichler-Tempsky, Wien
Verlag Jugend & Volk, Wien

Inhalt

Mit Bescheid des Bundesministeriums für Unterricht und kulturelle Angelegenheiten vom 2. Juni 1997, GZ 43.314/8-V/2/96, gemäß § 14 Abs. 2 und 5 des Schulunterrichtsgesetzes, BGBl. Nr. 472/86, und gemäß den derzeit geltenden Lehrplänen als für den Unterrichtsgebrauch an Hauptschulen und an allgemeinbildenden höheren Schulen für die 3. Klasse im Unterrichtsgegenstand Geschichte und Sozialkunde geeignet erklärt.
Dieses Schulbuch wurde auf der Grundlage eines Rahmenlehrplans erstellt; die Auswahl und die Gewichtung der Inhalte erfolgen durch die LehrerInnen.

Liebe Schülerin, lieber Schüler,
du bekommst dieses Schulbuch von der Republik Österreich für deine Ausbildung.

Bücher helfen nicht nur beim Lernen, sondern sind auch Freunde fürs Leben.

SchBNr. **2883**

Geschichten erzählen 3: Absolutismus

ÖBV Pädagogischer Verlag, Wien

1. Auflage 1998

1. Auflage 1998 (1,00)
© ÖBV Pädagogischer Verlag GmbH, Wien 1998
Umschlag und Ausstattung: Ing. Günther Plass
Hersteller: MANZ, 1050 Wien
Printed in Austria
ISBN 3-215-**12225**-1

So lebten die Menschen im Zeitalter des Absolutismus und der Aufklärung

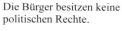
Die Bürger besitzen keine politischen Rechte.

Die Adeligen leben im Überfluss.

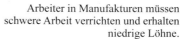
Arbeiter in Manufakturen müssen schwere Arbeit verrichten und erhalten niedrige Löhne.

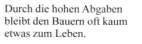
Durch die hohen Abgaben bleibt den Bauern oft kaum etwas zum Leben.

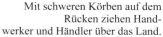
Mit schweren Körben auf dem Rücken ziehen Handwerker und Händler über das Land.

Die Sonne Frankreichs

Das Symbol Ludwigs XIV.

Ludwig XIV. im
Krönungsornat

● *Zeigt die Symbole der
königlichen Macht auf.*

Ludwig XIV., König von Frankreich, vereinigte alle Macht in seiner Hand. Im ganzen Staat galt nur der Wille des Königs. Zum eigenen Ruhm inszenierte er sogar seinen Tagesablauf: Vom Aufstehen bis zum Zubettgehen – alles war öffentliches Schauspiel!

Herzog de Bary führt heute seinen siebzehnjährigen Sohn am Hof ein. Zum ersten Mal darf Herr Jacques beim Morgenempfang der Majestät dabei sein. Der Fürst zieht seinen Sohn in eine der sechzehn Fensternischen, durch deren riesige Glaswände man auf Park und Terrasse von Versailles sieht.

„Siehst du das grüne Rasenbeet?", fragt er. „Gleich unterhalb der gewaltigen Wasserschalen und Figurenreihen, wo der Rasen einem Teppich gleicht? Dort fand seinerzeit im Sommer das Tanzspiel statt, bei dem alle Fürsten Frankreichs als Götter und alle adeligen Damen als Göttinnen verkleidet auftraten. Die höchsten Adeligen stellten die Gestirne dar. Unser König Ludwig XIV. aber erschien ganz in Gold mit einem Flammenkranz um das Haupt und spielte die Sonne. Seither nennt ihn das Volk den Sonnenkönig."

„Er ist der Größte im Abendlande, nicht wahr, Vater?"

„Ludwig XIV. ist Frankreich!", fährt der Herzog fort. „Schau nur hinunter in den Park, wie alle Straßen und Wege, die Wasserkanäle und die Baumalleen sternförmig auf uns zulaufen. Weißt du, wo sie sich nach dem Plan des Baumeisters Mansard schneiden, wo der Mittelpunkt dieses Landes ist?"

Der Herzog wendet sich vom Fenster zur Spiegelgalerie und sein Sohn folgt ihm. Die gewölbte Decke ist bedeckt von wunderbaren Gemälden, die die Macht und Herrlichkeit des französischen Königs darstellen; die Wände sind kostbar getäfelt oder mit teuren Seidentapeten überzogen; alle Möbel sind in den besten Kunstwerkstätten entstanden. „Hier laufen alle Straßen und Gedanken Frankreichs zusammen", sagt der Herzog. „Dort drinnen im Schlafzimmer der Majestät! Denn Ludwig XIV. ist das lebendige Herz der Nation."

In diesem Moment öffnet sich die weiß-goldene Lacktür zum Vorzimmer. Alles drängt dorthin. An der Türe erscheinen zwei Hofmeister in königlicher Uniform. Sie stoßen die vergoldeten Stäbe aufs Parkett. Sogleich verneigen sich die Herren tief und schwingen grüßend die Federhüte. Die Damen versinken rauschend im Hofknicks.

Vornehme Männer verneigen sich vor dem Sonnenkönig.

Aus dem Vorzimmer, das zum Schlafgemach des Königs führt, kommen zwei Edelleute, die ein hohes Amt ausüben. Sie haben das Vorrecht, jeden Morgen auf einem feinen Lacktablett den goldenen Nachttopf des Königs samt Inhalt herauszutragen. Vor diesen „Äußerungen" der Majestät ziehen die Kavaliere die Hüte, knicksen die Damen.

Dann drängt alles in das Vorzimmer. Die Flügeltüren zum königlichen Schlafgemach stehen offen. Das ist ein Zeichen dafür, dass Seine Majestät, König Ludwig XIV., erwacht ist. Das Waschen ist nicht sehr wichtig in Versailles. Der König lässt sich jeden Morgen von seiner Amme mit Schwanenflaum abtupfen. Dazu benützt man etwas Franzbranntwein und später Puder, den man über Hals und Gesicht stäubt. Klosetts sind so wenig in den Schlossbau eingeplant wie Bäder. Empfinden Prinzessin Lamballe oder Herzog de Bary ein menschliches Rühren, so winken sie einem Diener. Der bringt einen Wandschirm und stellt dahinter einen Nachtstuhl auf – das ist alles. Herzog de Bary und sein Sohn haben unterdessen einen günstigen Platz erobert. Sie sehen nun, wie der König angekleidet wird.

Zwei Pagen ziehen ihm die Pantoffeln aus und die Halbschuhe an. Das

- *Versuche die Grafik zu erklären.*

5

Der „Sonnenkönig"

- *Erzähle den Tag in Versailles aus der Sicht des Sohnes von Herzog de Bary!*
- *Ludwig XIV. ist ein absolutistischer Herrscher. Lassen sich in der Erzählung Hinweise finden, was man als „absolutistisch" bezeichnen kann?*

Nachthemd wird beim rechten Ärmel vom Großmeister der Garderobe, beim linken vom ersten Kammerherrn entfernt. Unterdessen hält ein anderer hoher Adeliger das frische Hemd bereit. Dieses Hemd anrühren zu dürfen, stellt eine sehr hohe Ehre dar. Der Vorzug, es darzureichen, gebührt den Söhnen und Enkeln des Königs. Nachdem die Gesellschaft den König langsam bekleidet hat, wählt Ludwig XIV. aus einem Körbchen eine frische Halsbinde. Der Vorstand der Taschentücherabteilung bietet drei Tücher auf einem Teller an.

Schließlich klettert der Hoffriseur auf einen Stuhl und hält von oben herab eine gewaltige Lockenperücke über den ziemlich kahlen Kopf der Majestät. Deren Sitz wird vom Großmeister der Garderobe überprüft. Endlich ist das Bild des Königs vollendet, der wartende Hochadel klatscht Beifall und versinkt in tiefster Verneigung. Langsam schreitet der Sonnenkönig aus seinem Schlafgemach.

Im Vorzimmer und in der Spiegelgalerie richtet er einige Worte an besonders bevorzugte Damen und Herren. Diese sind für Tage glücklich. Als der Herzog de Bary ihm seinen Sohn vorstellt, lächelt der König und sagt: „Ein stattlicher, junger Herr mit guten Aussichten!" Dieses Wort geht flüsternd von Mund zu Mund. Alle sind sich einig, dass der junge Herzogssohn eine glänzende Laufbahn vor sich haben wird.

Zu einem kleinen, schiefgewachsenen Prinzen aus dem Hause Savoyen, der sich um eine Offiziersstelle in Frankreich bewirbt, sagt der König verächtlich: „Sie sollten besser Pfarrer werden, mein Herr!" Er lässt den verwachsenen Prinzen stehen. Der ist am französischen Hofe unmöglich geworden und kocht vor Zorn gegen Ludwig XIV. Sein Name ist Prinz Eugen von Savoyen.

Nachdem die Majestät eine Weile mit dem Adel geplaudert und einige Bittsteller angehört hat, begibt sich der Hofstaat des Königs in die Hofkirche. Ohne mit der Menge der Bediensteten und niederen Beamten in Berührung zu kommen, betritt Ludwig XIV. die Königsloge. Die Messe wird vorne am prächtigen Hochaltar gelesen. Aber die Sitzreihen und die Stühle sind so angeordnet, dass sich alles Volk und der Adel gegen die Loge des Königs verneigen können und dass er der Mittelpunkt ist.

Nach dem Frühstück und dem Empfang einiger Minister befiehlt der König auszufahren. Er will heute eines seiner zahlreichen Schlösser besuchen und zur Jagd nach Marly fahren. Der Herzog de Bary und sein Sohn sind dazu eingeladen.

Vier Trompeter reiten dem Zuge voran, vier weitere folgen. Sie haben durch Hornrufe das Volk von den Straßen zu scheuchen. Während die goldenen Kutschen, bemalt mit Bildern und geschmückt mit Federbüschen, zwölfspännig vorfahren,

Demaskierung
Karikatur von
W. Thackeray um 1840:
Der König als Kleiderpuppe

bilden die rotuniformierten Schweizergarden auf der einen und die weißuniformierten französischen Leibwachen auf der anderen Seite endlose Reihen, die über den riesigen Vorhof und die goldenen Schlossgitter hinaus bis weit in die Straßen von Versailles reichen.

Dann rollen die Kutschen des Hofes an. Vor den Pferden marschieren hundert Schweizer. Es folgen die Polizeigarden mit vergoldeten Rockschnüren. Hinter den Wagen reiten die Leibgarden. Jeder einzelne Mann dieses riesigen Gefolges ist adelig: Baron, Graf oder Fürst. So fährt der Sonnenkönig an einem gewöhnlichen Werktag nach Marly, um zu jagen.

Am Abend werden die endlosen Säle des Schlosses von zehntausenden Kerzen erstrahlen. An langen Tafeln wird man alle Leckerbissen der Welt servieren, und wenn man nicht tanzt oder Musik hört, trifft sich der Hofstaat in prachtvollen Gewändern im Theater oder im Spielsaal.

„Nun, wie gefällt dir das Leben in Versailles?", fragt der Herzog de Bary seinen Sohn, als man sie spät in der Nacht in ihre Zimmer geleitet. „Es ist eine Lust zu leben, Papa!", antwortet der junge Mann voller Begeisterung. „All die schönen Damen! Die wundervollen Kleider und das fortgesetzte Vergnügen: Jagd, Feste, Theater, Spiel und Geplauder! Das verdanken wir einzig ihm, der die Sonne Frankreichs ist, unserem Ludwig dem Großen, dem Bezwinger Europas und dem Begründer französischen Ruhmes!"

- Spielt einige dieser Szenen nach.
- Was sollte durch das Zeremoniell zum Ausdruck gebracht werden?
- Was will der Zeichner mit Hilfe der Karikatur aussagen?

Versailles und die höfische Gesellschaft

- *Beschreibe Glanz und Elend des Hoflebens unter Ludwig XIV.*

Unser tägliches Französisch

Zur Zeit des Absolutismus wurde von den Adeligen in ganz Europa hauptsächlich Französisch gesprochen – es galt als vornehm.
Manche französische Ausdrücke sind bis heute in unserer Sprache erhalten geblieben.

● *Wenn du Französisch kannst, fallen dir sicher noch zusätzliche Wörter ein. Ergänze die Liste!*

Cousin
Vetter

Fontäne
Springbrunnen

Frisur
Haartracht

Kavalier
höflicher Mensch

Kompliment
Schmeichelei

Livree
Dieneranzug

Madame
Meine Dame (Anrede)

Möbel
Wohnungseinrichtung

Perücke
Haarersatz

Toilette
Kleidung

Uniform
einheitliche Kleidung

Visite
Besuch

Livre
Ehemalige französische Münze
Jean Baptiste Molière
Französischer Komödiendichter

Königliche Tafelfreuden

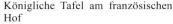

Die Küchenchefs Ludwigs XIV. waren mehr Manager als Köche, wie eine Aufstellung des Küchenpersonals Ludwigs XIV. zeigt: Zum Küchenpersonal gehörten u. a. 100 Leute für das Servieren und die Dekoration, 22 waren für Brot, Früchte, Salz und das Dessert verantwortlich, dazu 31 Leute für die Früchtebeschaffung; für die Speisung der königlichen Familie waren 57 Köche zuständig.

Farce
Füllung für das Fleisch
passieren
durchsieben
Fond
Bratensaft, Sauce
tranchieren
Fleisch oder Geflügel in Stücke zerlegen

Königliche Tafel am französischen Hof

Gefüllter Karpfen

Einen 1500 g schweren, ausgenommenen und entgräteten Karpfen gut abtupfen. Dann füllt man ihn mit folgender *Farce:* Je 150 g Schinken und Kalbsleber durch den Fleischwolf drehen, mit Salz und Pfeffer würzen und 100 g fein gehackte Trüffel daruntermengen. Den gefüllten Karpfen zunähen.
Eine gehackte große Zwiebel in reichlich Butter andünsten, mit einem halben Liter Rotwein aufgießen, zwei Nelken und ein Lorbeerblatt dazugeben. Wenn die Brühe ganz leicht kocht, den Karpfen hineingeben und 30 bis 40 Minuten köcheln lassen. Karpfen herausnehmen, Sauce *passieren* und etwas andicken. Vor dem Anrichten wird sie dann über den Karpfen gegossen.

Huhn mit Erbsen

Man gebe ein Brathuhn in einen Topf mit Hühnerbrühe. Der Trick dabei ist, dass die Brust nach oben zeigt und nur im Dampf weich wird, während die anderen Teile gekocht werden. Der Schaum wird entfernt, dann muss alles eine knappe Stunde köcheln. Huhn herausnehmen und den *Fond* einkochen lassen. Nun in einem anderen Topf etwa 25 g Butter zerlaufen lassen und darin gut 300 g frische oder tiefgefrorene Erbsen kurz andünsten. Man gibt einen in Streifen geschnittenen großen Lauch dazu und gießt etwas Wasser darauf, salzt und pfeffert. Alles ca. 15 Minuten leicht kochen lassen. Nun den Geflügelfond aufkochen lassen und mit Semmelbröseln andicken. Das *tranchierte* Huhn auf einer Platte auf den Erbsen anrichten und die Sauce darübergeben.

Zeig Er uns jetzt seine neumodische Werkstatt!

Manufaktur

Die Ideen der Reformation breiteten sich um die Mitte des 16. Jahrhunderts auch in Frankreich aus. Vor allem Handwerker, Unternehmer und wohlhabende Bürger folgten der Lehre des Schweizer Reformators Calvin. Sie nannten sich Hugenotten (huguenots = Eidgenossen). Als Ludwig XIV. von ihnen die Rückkehr zum alten Glauben verlangte, verließen viele ihre Heimat und siedelten sich dort an, wo man sie aufnahm, zum Beispiel im Territorium des Reichsfürsten von und zu Hoheneck. Dieser gab dem Hugenotten François Boucher die Genehmigung zur Eröffnung einer Manufaktur. Unsere Geschichte erzählt vom Besuch des Fürsten.

„Ist alles für den Empfang des Fürsten bereit?"

In diesem Moment rumpelt eine mit vergoldeten Holzschnitzereien versehene Kutsche den morastigen Weg herunter und hält vor dem Eingang des Hauses. Zwei Knechte stürzen heran und legen Leinentücher vor den Ausstieg. Auf ein Handzeichen des Älteren hin beginnen die jungen Frauen im Chor zu rufen: „Heil und Segen unserem geliebten Landesfürsten! Er lebe hoch, hoch, hoch!"

Seine Durchlaucht, Reichsfürst Georg von und zu Hoheneck, steigt ächzend aus dem Wagen. Vorsichtig setzt er die hohen Absätze seiner spitzen, mit blauen Schleifen versehenen Schuhe auf das Leinentuch. Dann stemmt er seine Hände in den weiten, spitzenbesetzten Rock: „*Mon Dieu,* was für eine schreckliche Fahrt. Aber was tut man nicht alles für die Wohlfahrt des Staates? Und dieser ländliche Duft! Mein Riechtuch, Jean! Und jetzt zeig Er uns seine neumodische Werkstatt!"

„*Manufaktur*", korrigiert ihn der ältere Mann, „Tuchmanufaktur! Wenn Sie mir folgen würden, Euer Durchlaucht?" Sie betreten einen gut zehn Meter langen und sieben Meter breiten Raum: Ein halbes Dutzend Frauen ist damit beschäftigt, Garnzöpfe auf leere Spindeln abzuspulen. „Das hier dient der Vorbereitung. Wir haben etwa 100 Bauersfrauen, die in unserem Auftrag den Flachs zu Garn spinnen!" Stolz öffnet der Fabrikant die nächste Tür: Man blickt in einen großen Saal, in dem etwa drei Dutzend Frauen an Webstühlen sitzen. „Hier stellen wir unsere Leinwand her, unser Ausstoß wird mehr als 1 000 Tücher zu 300 Ellen Länge im Jahr betragen!"

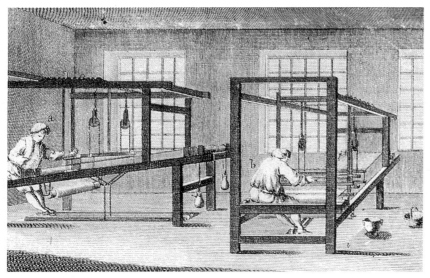
Webstühle in einer Manufaktur

Fürst Georg holt eine silberne Tabaksdose aus seinem Gehrock, verteilt den Schnupftabak auf seiner Rechten und zieht ihn geräuschvoll das linke Nasenloch hoch. Er niest ausgiebig und schüttelt dann mit sichtlicher Enttäuschung den Kopf: „Aber wo sind denn die neuen Maschinen aus England, die Er mir versprochen hat, Buschner, äh . . .!“
„Boucher, François Boucher, zu Euren Diensten!“ Der ältere Mann macht einen *Kratzfuß*. „Der Mechanikus hat versucht, die Webstühle mit dem Wasserrad zu verbinden. Aber die Verbindungsstangen sind immer wieder gebrochen, sodass die Frauen wie bisher an den Webstühlen arbeiten müssen.“
„Und was ist dann der Nutzen dieser – wie Er sie nennt – Manufaktur?“, fragt der Fürst ungnädig.
„Nun, Euer Gnaden“, mischt sich da der Sohn des Textilfabrikanten ein, „bisher haben wir die Webarbeiten außer Haus gegeben und jedes Tuch Leinwand mit einem Silberstück bezahlt. Aber immer dann, wenn die Weber genug verdient hatten, hörten sie auf zu arbeiten. Diese Frauen hier, die aus dem Armenhaus der Stadt stammen, haben wir unter Kontrolle. Sie arbeiten, solange das Tageslicht anhält. Nur dann können sie hier arbeiten, essen und schlafen.“
Die Begleiterin des Fürsten greift nach einem Stück Tuch: „Puh, ist das rau!“
„Das ist Rohleinwand, Euer Gnaden“, erklärt François Boucher. „Wir geben den Stoff in die Stadt zum Bleichen und dann verkaufen wir ihn in alle Welt. Seidenstoff können wir noch nicht herstellen. Es sei denn, Seine Durchlaucht geben uns die Erlaubnis, Seidenraupen einzuführen!“
„Langsam, langsam“, wehrt Georg von und zu Hoheneck ab. „Zeig Er mir erst einmal, dass diese Manufaktur einen guten Gewinn abwirft, und führ Er die versprochenen Abgaben regelmäßig ab. Immerhin hat Er das *Privileg* erhalten, so viel Webstühle zu betreiben, wie Er will. Ein städtischer Webmeister darf dagegen nicht mehr als vier Webstühle halten und nur gelernte Kräfte beschäftigen. Aber ich lasse euch Hugenotten freie Hand, weil ich um die Wohlfahrt meines Landes besorgt bin!“
„Wir wissen das zu schätzen und sind Euch ewig dankbar, Euer Hochwohlgeboren“, sagt der alte Boucher

Kratzfuß
Tiefe Verbeugung
Privileg
Besonderes Recht, Vorrecht

eilfertig. „Wir haben einen kleinen Imbiss und ein paar Erfrischungen vorbereitet!"

„Ja, es tut gut, nach so viel Anstrengungen ein wenig für den Leib zu sorgen. Ich hoff', Er hat einige Leckereien à la Versailles zu bieten!" Ohne noch einen Blick auf die arbeitenden Frauen zu verschwenden, folgt der Fürst seinen Gastgebern in das kleine Verwalterhaus. Inmitten des Salons steht ein runder Tisch, auf dem auf Silberplatten zahlreiche Speisen angerichtet sind. „Ah, kaltes Rebhuhn mit Trüffeln 'gefüllt. Ihr versteht es, Euren Fürsten zu bewirten", meint Georg von und zu Hoheneck anerkennend. Dann fällt sein Blick auf eine Schüssel mit Fleischstücken in einer dicken, weißen Soße. „Was ist denn das?"

„Eine Köstlichkeit, an der sich schon der Sonnenkönig labte", erklärt der jüngere Boucher: „Entenstücke in einer Soße, die nach Küchenmeister Béchamel benannt ist. Und wenn ich Euch noch auf die Kapaunenpastete und die Rehschulter . . ."

Der junge Mann beendet seinen Satz abrupt, als lang gezogene Hörnertöne erklingen und Reichsfürst Georg von und zu Hoheneck bedauernd mit den Achseln zuckt. „Geb Er meinem Küchenmeister das Rezept! Ich muss Euch jetzt verlassen: Seit dem frühen Morgen haben meine Förster das Wild zusammengetrieben und ich sollte nun wirklich den ersten Schuss

Spielkartenmanufaktur

abgeben, damit die Jagd beginnen kann. Ach, Boucher, mein ganzes Leben ist eine einzige Hatz im Dienste des teuren Vaterlandes. Jedenfalls wünsche ich Euch Erfolg. Und sollte die Leinenweberei guten Ertrag bringen, dann können wir über weitere Projekte sprechen!"

Der alte Mann und sein Sohn verbeugen sich noch einmal tief. Als sie wieder aufschauen, haben Fürst und Gefolge den Raum verlassen. Noch einmal erklingen die Jagdhörner, man hört sich entfernendes Pferdegetrappel. Die „Tuchmanufaktur Boucher und Sohn" kann nun auch mit Allerhöchster Erlaubnis ihren Betrieb weiterführen.

- *Warum beschäftigt der Unternehmer Boucher Frauen aus dem Armenhaus?*
- *Warum unterstützte ein Landesherr die Errichtung von Manufakturen?*
- *Vergleiche die Arbeit und das Leben eines mittelalterlichen Handwerkers mit der Tätigkeit eines Manufakturarbeiters.*
- *Lies auch die Geschichte: „Pässe sind das kleinere Übel".*

Es geschehe Recht . . .

„Petition of Rights" – „Bitte um Recht" lautet der Titel eines Dokuments, das 1628 vom englischen König Karl I. (1625–1649) angenommen wurde. Im Folgenden erfahrt ihr, warum ein Dokument, das eine wichtige Station auf dem Weg zur parlamentarischen Demokratie in England wurde, einen so ausgefallenen Titel trägt.

Karl I.
1625 bis 1849, englischer König aus der Familie Stuart
Kommissär
Beauftragter des Königs
Sir
Niedriger englischer Adelstitel
Magna Charta
In diesem „Großen Freiheitsbrief" musste der englische König 1215 die Rechte der Adeligen bestätigen.
Parlament
Versammlung der Stände, die nicht selbstständig zusammentreten konnte, sondern vom König einberufen wurde

Karl I., der König von England, war in echter Verlegenheit. Er brauchte Geld. Seine Kriegszüge in Frankreich verschlangen große Summen und alle Kassen waren längst erschöpft. Da kam ihm der Rat seines Ministers und Vertrauten, Lord Buckingham, gerade Recht. Das Vermögen eines jeden sollte von

königlichen Beamten geschätzt werden und entsprechend der Schätzung sollte ein Betrag festgesetzt werden, den jeder an die Kriegskasse des Königs zu bezahlen hatte. Bald ritten *Kommissäre* durch alle englischen Grafschaften, um von den Grundbesitzern die Zwangsabgabe einzutreiben.

Sir Thomas Wentworth empfing den königlichen Geldeintreiber recht unfreundlich. Sicher, er war reich genug, um die geforderte Summe zu zahlen. Aber: „Seine Majestät kennt das geltende Recht seines Reiches", herrschte er den Kommissär an. „Es gilt für ihn ebenso wie für jeden seiner Untertanen. Und schon in der *Magna Charta* von 1215 steht, dass der König keine Steuer erheben darf, die nicht vom *Parlament* beschlossen worden ist." „Verzeiht, Sir", wagte sein Gegenüber zu widersprechen. „Aber bei aller Achtung vor den Rechten des Parlaments muss es dem König erlaubt bleiben, seine Vorrechte geltend zu machen, wenn es um das Wohl des Landes geht." „Das Wohl des Landes, mein Herr,

Älteste bekannte Abbildung des englischen Unterhauses (1624)
Bis 1834 tagte das Unterhaus in der St.-Stefans-Kapelle.

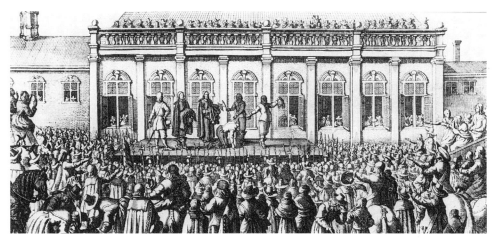

König Karl I. wird nach einem Beschluss des Parlaments 1649 enthauptet.

König Karl I. von England
Vorderseite einer silbernen Medaille, Geschenk des Königs kurz vor seiner Hinrichtung an seinen geistlichen Berater, William Juxon, den späteren Erzbischof von Canterbury, etwa 1649

verlangt vor allem, dass Recht und Gesetz unangetastet bleiben. Ich bin ein treuer und ergebener Diener meines Königs. Gerade deshalb will ich durch keine Nachgiebigkeit daran mitschuldig werden, dass der König gegen das Gesetz handelt. Deshalb werde ich auch keinen Penny geben – wenn das Parlament eine Abgabe bestimmt, ja, dann werde ich sicher bezahlen!"

Unverrichteter Dinge musste der Kommissär das Gut der Wentworth verlassen. Doch nur wenige Tage später empfing Sir Thomas einen zweiten Besucher und der erklärte ihm unumwunden: Entweder Zahlung – oder Verhaftung! Der widerspenstige Edelmann zog – wie eine Reihe seiner Standesgenossen – die Haft vor. Aber damit war dem König nicht gedient. Er musste das Parlament einberufen, damit es ihm die Einhebung einer Steuer gewährte.

Im März 1628 trat das *Unterhaus* zusammen. Auch Sir Thomas Wentworth, der aus der Haft entlassen worden war, gehörte ihm an. Die Abgeordneten wussten nicht recht, was nun zu tun war. Sollten sie dem König die Steuer bewilligen – dann könnten sie vielleicht zu einem späteren Zeitpunkt ihren Nutzen daraus ziehen. „Keine Unterstützung für den König, solange er nicht in einem neuen Gesetz alle Rechte und Freiheiten seiner Untertanen bestätigt!", meinten andere.

Da schaltete sich Sir Thomas in die *Debatte* ein: „Wir brauchen kein neues Gesetz, um unsere Rechte zu wahren", erklärte er. „Das gute alte Recht reicht dazu völlig aus. Wir müssen nur erreichen, dass der König bindend erklärt, sich künftig an das Gesetz zu halten."

„Also müssen wir ihn doch zwingen!", riefen einige.

Unterhaus
Neben dem Oberhaus, dem hohe Adelige und Geistliche angehörten, die zweite Kammer des englischen Parlaments, in der Landadelige und Großkaufleute vertreten waren
Debatte
Diskussion

Darlehen
Leihe von Geld gegen Zinsen

- *Erkläre die Entscheidung des Königs: Was meint er mit den Worten: „Es geschehe Recht, wie es gewünscht wird"?*
- *Liste die Forderungen der Abgeordneten auf!*
- *Diskutiert: Forderung oder Bittschrift – was von beidem war die Petition of Rights?*
- *Später nahm der König die Zugeständnisse wieder zurück. Lange, grausame Kämpfe entbrannten zwischen seinen und den Anhängern des Parlaments. Wie sie ausgingen, kannst du an Bild 2 erkennen. Erkläre es!*

Wentworth lächelte. „Zwingen? Warum sollten wir unseren König in eine solche Lage bringen? Nein, nein, wir wollen ihn nicht zwingen. Wir wollen ihn bitten. Der König weiß selbst, dass er unsere Bitte nicht abschlagen kann."

Dieser listige Gedanke fand nach und nach die Zustimmung der Abgeordneten. In geduldiger und mühseliger Arbeit wurde ein Text entworfen, beraten, verworfen und wieder umgeschrieben. Zunächst wurden sorgfältig alle Verstöße aufgezählt, die in letzter Zeit gegen das Recht bekannt geworden waren – ohne aber den Namen des Königs zu erwähnen. Am Ende las einer der Abgeordneten schließlich den Text vor: „Wir bitten deshalb Eure Majestät ehrerbietig, es möge künftig niemand mehr genötigt werden, irgendein Geschenk, ein *Darlehen,* eine freiwillige Abgabe, eine Steuer oder sonst eine entsprechende Abgabe zu leisten, ohne allgemeine Zustimmung durch Parlamentsbeschluss, und es möge niemand zur Verantwortung gezogen . . . verhaftet oder sonstwie belästigt werden . . ., weil er sich geweigert hat, eine solche Abgabe zu entrichten . . . Um all dies bitten wir untertänig Eure erhabene Majestät . . . als um unsere Rechte und Freiheiten, in Übereinstimmung mit den Gesetzen und Satzungen dieses Reiches."

Als Karl I. am 7. Juni 1628 das Parlament betrat, wusste er nicht, was ihn erwartete. Er brauchte die Zustimmung des Unterhauses, aber er wollte nicht sein Gesicht verlieren. „Lest Eure Bittschrift vor!", forderte er die Abgeordneten auf, als er unter dem eisigen Schweigen aller Anwesenden endlich seinen Platz erreicht hatte. Langsam und deutlich wurde die Petition of Rights verlesen. Ohne eine Miene zu verziehen hörte der König zu. Dann erhob er sich und erklärte mit fester Stimme: „Le droit fait comme il est désire! – Es geschehe Recht, wie es gewünscht wird!"

Westminster, Kupferstich von Wenzeslaus Hollar, 1647

Zeitreise zu Kara Mustafa

Eine Zeitreise in die Vergangenheit, das gibt es nur im Film oder in einer Erzählung wie der folgenden. Sie führt uns in das Jahr 1683 und zu einem der in Europa am meisten gefürchteten Männer, zum Großwesir Mustafa, der damals mit seinen Truppen Wien belagerte.

„Was ist ein Großwesir?", fragte Barbara den Geschichtslehrer, der in seiner Unterrichtsstunde von ihm erzählte.

„Großwesir nannte man damals den höchsten Würdenträger des Osmanischen Reichs, der nur dem Sultan unterstand. Sozusagen der ranghöchste von allen Ministern, das war der Großwesir."

„So ähnlich wie der Bundeskanzler. Über ihm ist auch nur noch der Bundespräsident", meinte Andreas.

„Ja, so ähnlich", sagte der Lehrer.

„Sadr Azam!", rief Achmed dazwischen.

„Was meinst du?"

„Sadr Azam", sagte Achmed, „nannte man Kara Mustafa. Das heißt auf deutsch ‚herrlichster Führer'. Er war der Stellvertreter des mächtigen Sultans."

Der Lehrer lächelte. „Das hast du sicher noch zu Hause in der Türkei in der Schule gelernt. Aber Kara Mustafa war kein ‚herrlichster Führer', sondern ein grausamer Barbar, der viele Menschen umbringen ließ, und sein Sultan war ein brutaler Gewaltherrscher."

Achmed bekam einen roten Kopf. Er wollte aufspringen und etwas antworten, aber Barbara, die neben ihm saß, zog ihn am Ärmel, sodass er sich wieder hinsetzen musste. Sie deutete ihm, den Mund zu halten. Statt dessen meldete sich Daniel zu Wort. „So ist das immer, wenn die Völker gegeneinander Krieg führen", sagte er. „Von meinem persischen Freund Cyrus Samani aus der Parallelklasse habe ich gehört, dass in allen Geschichtsbüchern des Iran von einem größenwahnsinnigen, dauernd betrunkenen Abenteurer erzählt wird, der alle Paläste und Bibliotheken niedergebrannt hat, als er Persien eroberte. Und wisst ihr, wie der bei uns heißt?"

Keiner wusste es. „Sag schon!", rief einer.

„Alexander der Große!", antwortete Daniel triumphierend.

Diese Unterhaltung gefiel Achmed. Er wusste auch etwas hinzuzufügen. „Das ist sogar heute noch so. Im Iran nennt man den amerikanischen Präsidenten den großen Satan . . ."

Nun wurde es dem Lehrer doch zu bunt. Mit lauter Stimme unterbrach

Kara Mustafa

Zelt Kara Mustafas

er Achmeds Redefluss. „Wir sind jetzt bei der Türkenbelagerung Wiens im Jahr 1683." So ging es wieder mit Kara Mustafa weiter.

Als die Schüler eines Tages mit ihrer Klasse das Historische Museum der Stadt Wien besuchten, liefen sie in den ersten Stock, wo Bilder, Waffen und Beutestücke von der Türkenbelagerung Wiens ausgestellt sind.

„Da, da, da! Schaut her!", rief Andreas, als er ein Bild eines finster dreinblickenden Türken mit hohem Turban sah.

„Ja, das ist er!", jubelte Barbara.

„Kara Mustafa!", rief Achmed vergnügt. „Dem wollen wir jetzt fest in die Augen schauen und dann nichts wie ab in das siebzehnte Jahrhundert!"

„Wenn wir wirklich in Gefahr kommen, bringt uns der Engel der Zeit sicher wieder zurück", sagte Andreas überzeugt. Nun schauen sie also ganz fest in die Augen des Großwesirs Kara Mustafa. Plötzlich sagte Andreas: „Der schielt ja!"

* * *

„Der . . . der . . . der schielt ja wirklich", stottert Andreas, als sie Kara Mustafa in seinem Zelt von Angesicht zu Angesicht gegenüberstehen. Der Großwesir weicht erschrocken zurück, als plötzlich die drei Kinder vor ihm auftauchen. Dann lässt er einen Schwall türkischer Worte auf sie los.

Achmed beginnt mit Kara Mustafa türkisch zu sprechen. Immer wieder verwendet er die Anrede „Sadr

Azam". Er redet immer schneller und aufgeregter, so viel will er von Kara Mustafa wissen! Der Großwesir scheint aber immer ärgerlicher und ungeduldiger zu werden, weil er zu seinen Truppen will, die in erbitterte Gefechte mit den anstürmenden Soldaten des Herzogs Karl von Lothringen verwickelt sind.

Andreas, Barbara und Achmed wissen, dass am Ende des Tages die Türken besiegt sein werden.

Als Achmed erschöpft eine Pause macht, beginnt Kara Mustafa zu sprechen. Er redet sehr eindringlich auf Andreas ein. „Was sagt er?", will Andreas wissen, der vor Neugierde fast platzt.

„Ich hab ihn gefragt, warum er alle Christen umbringen lässt, und er nannte mich einen Trottel!", sagt Achmed bestürzt. Kara Mustafa hat ihm erklärt, dass die Giauren immer wieder in das Reich des Sultans einfallen und die Moscheen niederbrennen, weshalb mit dieser Gotteslästerung endlich Schluss gemacht werden müsse. „Die Giauren", sagt Achmed zögernd, „seid ihr; das sind alle, die nicht an den Propheten Mohammed glauben."

„Und warum sind sie dann gleich bis nach Wien gezogen?", fragt Barbara.

„Das hab ich ihn auch gefragt. Er hat mir erklärt, dass die Ungarn die Türken zu Hilfe gerufen haben, um gegen die Österreicher und die Habsburger zu kämpfen, von denen sie unterdrückt werden. Angeblich."

„Ihr habt alles niedergebrannt!", schreit der Großwesir. „Ich habe Befehl gegeben, die Städte, die ihr den Ungarn weggenommen habt, und auch eure eigenen, einzuschließen und zu belagern. Entweder Bekehrung zum Islam oder Tribut zahlen, lautete mein Ultimatum. Aber was hat euer Kaiser getan? Er hat alle Häuser bis vor die Stadtmauern niederbrennen lassen! Nicht vor uns Osmanen mussten fast sechzigtausend Giauren fliehen, sondern weil sie obdachlos geworden waren! Sogar euer Schottenkloster habt ihr niederbrennen lassen."

Ein blutüberströmter türkischer Soldat stürzt ins Zelt. Er wirft sich vor dem Großwesir zu Boden und stammelt: „Sadr Azam, Sadr Azam, es werden immer mehr, jetzt kommen ihre Reiter den Berg herunter!"

Von draußen dringt der Lärm der Schlacht bis ins Zelt.

Die drei Kinder halten es nicht länger im Zelt aus. Als sie ins Freie treten, reißen sie erstaunt die Augen auf. Sie sehen vor sich ein Meer von Zelten, wie sie es noch nie gesehen haben. Und das soll Wien sein, denken Barbara und Andreas verwundert.

Türkische Soldaten mit Helmen, runden Schilden und Krummsäbeln rennen durch die Zeltgassen, aber auch Männer mit langen Mänteln, die große Stoffballen, Teppiche und schwere Kisten mit sich schleppen. Andreas stößt Achmed an. „Das sind lauter Flüchtlinge", flüstert er.

Türkische Stellungen vor Wien 1683

„Da, seht doch!", ruft plötzlich Barbara und deutet aufgeregt in die Richtung, wo sich gerade der Pulverdampf verzieht. In der Ferne sehen sie lange Reihen von Soldaten in grünen, blauen, roten und weißen Uniformen, manche mit hohen Kappen, andere mit schwarzen Filzhüten, dahinter wehende, bunte Fahnen! Ein paar Reiter mit langen Säbeln brausen wie ein Gewittersturm heran.

„Hurra, das sind die Unseren!", schreit Barbara begeistert.

Und es sind tatsächlich die Retter Wiens, die der schrecklichen Belagerung der Stadt durch die Türken ein Ende bereiten. Mit Lanzen, Schwertern, Krummsäbeln, Pfeil und Bogen wird gekämpft, verwundet und getötet.

Andreas' Augen werden immer größer. Starr steht er da und kann es

nicht fassen. So habe ich mir den Krieg nicht vorgestellt, denkt er. Barbara reißt ihn weg. „Das will ich nicht sehen!", schreit sie und sogar Achmed vergisst beinahe zu atmen, denn da wird Mann gegen Mann gekämpft, da werden Körper von Lanzen durchbohrt, Köpfe von Schwertern gespalten. Und der, der dieses Schlachten und Morden anordnet, bekommt einen Orden und wird zum Feldmarschall befördert, denkt Andreas. Und wenn es ein Prinz, ein König oder ein Sultan ist, lässt man ihm für seine „Siege" ein neues Schloss bauen und setzt ihm ein Denkmal, damit ihn auch die Nachwelt bewundert. Ihm wird ganz schlecht. Und dreihundert Jahre später, in unserer Zeit, da gibt es noch immer Kriege, denkt er. Da mordet man noch immer so wie früher, oder noch schlimmer, denn die Waffen sind immer größer und immer vernichtender geworden. Aber was können wir dagegen tun? Ist es nicht schrecklich, dass wir Kinder auch einmal so werden müssen wie die Erwachsenen?

„Da ist Kara Mustafa!", ruft Andreas. Aus dem wildesten Schlachtgetümmel ist er herausgekommen und eilt zu seinem Zelt. Den Turban hat er verloren, seine schwarzen Haare hängen wirr herab, von seinen Kleidern sind nur mehr Fetzen übrig, ein Ärmel ist blutdurchtränkt, sogar seine Schuhe hat er im Kampf verloren!

Die drei Kinder rennen dem Groß-

wesir nach, der sich in seinem Zelt vor Erschöpfung hinwirft. Jetzt, nachdem Achmed Zeuge der großen Schlacht vor den Toren Wiens geworden ist, ist seine Begeisterung für „Sadr Azam" verflogen. So sehr hat ihn Achmed die ganze Zeit bewundert. Doch nun ist Kara Mustafa für ihn auf einmal nicht viel besser als die abendländischen Heerführer, die er verachtet, weil sie Tausende Soldaten in den Krieg gehetzt haben.

Zwei Männer stürzen ins Zelt. Verzweiflung steht in ihren Gesichtern. Sie drängen Kara Mustafa, unverzüglich die Flucht zu ergreifen. Der Polenkönig Sobieski hat endlich in den Kampf eingegriffen, als die kaiserlichen Truppen und die des Herzogs Karl schon tief die Reihen der Türken durchbrochen haben. Auf dem Schlachtfeld vor Wien liegen bereits an die zehntausend Tote! Nur ein paar Getreue harren noch vor dem Lager des Großwesirs aus und kämpfen gegen die anstürmenden Krieger.

„Lasst die Schätze zurück und rettet euer Leben!", herrscht sie der Großwesir an.

„Sadr Azam, Sadr Azam . . .", flüstert Achmed und weiß nicht, was er sagen soll.

Jetzt erst sieht Kara Mustafa die Kinder. „Ihr seid noch immer hier? Lauft, lauft, so schnell ihr könnt!"

Trotzdem will Achmed noch mit Kara Mustafa sprechen. Entschlossen tritt er vor den Großwesir und richtet das Wort an ihn. Der Großwesir will ihn abweisen, hebt aber dann erstaunt den Kopf und hört ihm aufmerksam zu. Andreas und Barbara sehen, dass er mehrmals den Kopf schüttelt. Nach einer Pause bückt sich der Großwesir, fasst Achmed unter das Kinn und hebt sein Gesicht zu sich empor. „Allah ist groß", sagt er, „und alles wird geschehen, wie Allah es will." Er drückt Achmed einen Kuss auf die Stirn, rafft seine Kleider zusammen, packt seinen Säbel und verlässt schnell mit den anderen das Zelt.

„Was hast du ihm gesagt? Sag schon, was hast du ihm gesagt?", drängen Andreas und Barbara ihren Freund Achmed.

„Ach, ich habe ihm nur von unserer Zeit erzählt", sagt Achmed. „Und dass in dreihundert Jahren die Türken sowieso in Wien sein werden. Und überall im Abendland. Und dass es keinen Kaiser und keinen Polenkönig mehr geben wird. Aber die Türken werden in Wien eine Moschee bauen. Und auf allen Märkten der Stadt werden wir Türken stehen und friedlich unsere Waren verkaufen. Niemand mehr wird in uns Barbaren sehen."

Zuerst sind die beiden sprachlos. „Das hast du ihm wirklich alles gesagt?", fragt Barbara.

„Ja klar. Oder glaubt ihr, ich wäre heute bei euch, wenn wir unsere Kanonen mitgebracht hätten? – Nur von dem Fremdenhass und der Ausländerfeindlichkeit und solchen Sachen habe ich ihm nichts gesagt", fügt Achmed leise hinzu. „Das hätte ich ihm nicht so gut erklären können."

Nun hören sie, wie schon ganz nahe vor dem Zelt gekämpft wird. Und noch ehe die siegreichen Soldaten des Polenkönigs hereinstürmen, haben sich Achmed, Andreas und Barbara an den Händen gefasst.

Sie fühlen, wie sie schwerer und schwerer zu werden beginnen, langsam verschwimmt das Zelt und die ganze Umgebung vor ihren Augen . . .

* * *

„Wer soll hier schielen?", fragte der Geschichtslehrer, als er sah, wie Barbara, Andreas und Achmed das Bild von Kara Mustafa anstarrten. Andreas fasste sich als Erster. Ihre Reise in die Vergangenheit hatte nicht einmal einen Augenblick gedauert.

„Kara Mustafa schielt", sagte Andreas, nachdem er sich überzeugt hatte, dass Barbara und Achmed gesund und munter neben ihm standen.

Der Lehrer runzelte die Stirn, wie er es immer tat, wenn er sich ärgerte. „Und sonst fällt dir zu dem türkischen Großwesir nichts ein?"

Medaille zur Belagerung Wiens durch die Türken 1683

- Die Erzählung ist stark gekürzt. Wenn ihr wollt, könnt ihr sie selbst ausbauen oder weitererzählen.
- In der Erzählung werden manche Ereignisse und Personen recht unterschiedlich dargestellt. Wer hat Recht? Sprecht darüber!
- In welche Zeit oder zu welcher historischen Persönlichkeit würdest du eine Zeitreise unternehmen wollen? Warum?

Die Bettelbuben von Wien

Die Erzählung spielt im Winter 1693. Georg (Jörg) Höß war der Sohn eines Hafners in St. Pölten, der an einer Lungenkrankheit gestorben war. Da die Mutter Jörg und seine Geschwister nicht mehr ernähren konnte, wurde auch er zum Betteln geschickt. Der Neunjährige zog mit Barthel, einem Burschen aus Langenlois, nach Wien, um Arbeit zu suchen.

Georg Höß machte sich auf den Weg, die Stadt zu erkunden. Vielleicht würde es irgendwo einen Dienst geben. Der Bub drückte sich an die Wände der hohen Steinhäuser. Ganz sicher: Dort musste der Herr *Kaiser Leopold* wohnen, von dem sein *Wegekumpan* Barthel erzählt hatte. Sein Thron sollte bis in den Himmel reichen, weil er so mächtig war, und sein Haus besaß so viele Fenster, dass der Mann gewiss den lieben langen Tag brauchen würde, wollte er aus jedem auch nur einen ganz kurzen Blick hinauswerfen.

Als der Bub in einer Toreinfahrt einen Moment verschnaufen wollte, lief ein Schwarm Lumpenkinder an ihm vorüber. Ein größeres Mädchen packte seinen Arm und zog ihn mit. Bei den Kapuzinern werde ausgeteilt, viel früher als sonst! Man müsse laufen, wenn es noch einen Bissen geben solle. Erst an der Seilergasse trabten die Kinder langsamer und bogen dann auf den Neuen Markt ein.

Zwei *Kapuzenmänner* hatten gleich neben dem Kirchportal ihre Suppenbottiche aufgestellt. Ganze Trauben von Armen waren schon darum versammelt. Die Schöpflöffel der Mönche fuhren in die Behältnisse und füllten die kleinen Holzschüsseln, aus denen die *Almosen*leute die Suppe schlürften. Die armen Leute in Wien mochten die Kapuziner. Sie gaben Essen und Zuversicht und beides tat den Leuten wohl.

Das Bettelmädchen hielt noch immer Jörgs Arm und zog ihn Schritt um Schritt vorwärts. Die Aufgeregten gerieten in Bewegung.

Immer mehr Männer und Frauen, große Burschen und Mädchen stampften an den Kindern vorbei: Stadtzeichenträger, denen die Obrigkeit das Almosensuchen erlaubt hatte, aber auch fremde Bettlerinnen und Bettler, denen der Aufenthalt in der Residenzstadt des Kaisers eigentlich verboten war, Junge und Alte, Dienstmägde und Handwerksburschen, Kriegskrüppel und Wichtigtuer.

Die Kinder waren erschrocken zur Seite gewichen. Georg hatte das Mädchen verloren. Er stand inmitten

Leopold I.

einer Gruppe von Buben, zu denen ein Schwarzhaariger stieß, der mit zornigem Gelächter sein Holzschälchen in den Kreis warf. Bis ganz nach vorn sei er gekommen, aber: Direkt vor ihm konnte ein einbeiniger Türkenheld die letzte Pfütze Suppe aus dem Bottich schütten. Nun war Schluss! Das Almosen reichte wieder einmal nicht für alle Hungerleider.

Jörg fragte einen Jungen, ob er den großen Burschen kenne, der hier das Wort führe. Und sofort bekam er Bescheid: Er werde Hans Schiell genannt, sei 14 oder 15 Jahre alt und aus Kelheim im bayerischen Herzogtum, doch würde er sich schon lange hier in Wien aufhalten, er wäre einer der Geschicktesten und der Anführer einer Bande. Er habe auch schon auf Befehl des Bettelvogts mehrmals in Ketten arbeiten müssen und dreimal einen Ausbruch aus dem Spital*kotter* hinter sich und . . . Der Bursche wurde von einem Ankömmling unterbrochen, der mitteilte, dass sich die *Rumorwache* bei St. Stephan gesammelt habe und gerade die Kärntnergasse heraufziehe. Da befahl Hans Schiell den Umstehenden, sich in kleinen Grüppchen durch das Kärntner- oder das Burgtor davonzumachen. In der alten Scheune auf der Laimgrube wolle man sich dann am Abend treffen. Einer der Buben ließ auch Georg Höß mitgehen und der war froh, jetzt nicht allein zu sein.

Es war Spätnachmittag geworden. Einige der Buben hielten beim Wurstbrater Johann hier draußen auf der Laimgrube einen Wurstzipfel oder ein Stücklein Altfleisch in den Händen, bissen gierig hinein oder saugten schmatzend Fett und Wärme heraus. Für die Buben galt die Anweisung des Braters, etwas abseits zu bleiben.

Auf dem Platz trafen sich viele Fremde, nicht selten zog einer ein Almosen aus der Tasche. Ja selbst dann, wenn man „gefundene Dinge" verkaufen wollte, halfen die Wurstbrater aus. Und einen Ratschlag konnten vor allem diejenigen erhalten, deren Eltern tot waren oder sich in unbekannter Ferne aufhielten. Denn auch Bettelbuben, die tagsüber gotteslästerlich fluchten und auf die Welt spuckten, kannten abendliche Stunden, in denen sich die Sorgentränen nicht aufhalten ließen und wo sie für ein gutes Wort oder den warmen Arm der Mutter viel gegeben hätten. Es bedurfte also gar keiner weiteren Rede: Die Wurstbrater waren eben wichtige Leute!

Hans Schiell hatte Georg nach seiner Geschichte gefragt und ihn zum Erzählen aufgefordert. Als er mit seiner Rede zu Ende gekommen war, fühlte er sich in diesen Kreis aufgenommen. Mutter und Geschwister schienen keine Rolle mehr zu spielen. Und er war stolz, so nahe bei Hans Schiell sitzen zu können, auf den er immerzu schaute und dem er jedes Wort von den Lippen ablas.

Kaiser Leopold I.
Regierte von 1657 bis 1705
Wegekumpan
Weggefährte
Kapuzenmänner
Kapuziner, Bettelmönche
Almosen
Milde Gabe
Kotter
Arrest, Gemeindegefängnis
Rumorwache
Polizeiwache in der Stadt

Der Kay[...]

Hofburg im 17. Jhdt.

Hans Schiell schickte den Kinderhaufen nach der alten Scheune, wo es um diese Jahreszeit im Heu rasch warm wurde. Er selbst ließ sich vom Wurstbrater sagen, wer morgen noch Almosen austeile, damit man die Dinge besser als heute lenken könne. Dann verschwand auch er in der Dunkelheit.

Georg Höß ließ sich von einem Buben, dessen Mutter als Hausmagd bei feinen Leuten in der Naglergasse in der Stadt wohnte, erklären, was er wissen müsse, wenn er in diesem Kreis der Burschen bleiben wolle. Nur weniges sei nötig: Jeder gehe für sich allein oder mit einem anderen; was man erhalte, verzehre man. Sei aber einer krank, müsse der von jedem eine Gabe erhalten, von jedem, keinem ausgenommen!

Am Morgen machten sich Georg Höß und Matthias Fuchs, der Magdsbub aus der Naglergasse, gemeinsam auf den Weg. Die Kälte biss sich rasch durch ihre alten Fetzen. Deshalb gingen sie direkt auf den großen Landgasthof zu. Matthias Fuchs kannte die Wirtin und fragte, ob sie vielleicht heute Feuerholz aus der Scheune benötige oder eine andere Arbeit für sie habe. Mit einem mächtigen Korb schleppten die beiden dann dicke Scheite in die Küche und schoben später noch eine Weile auf einem Karren Heu in den Stall. Gern wären sie als Arbeitsleute an den Tisch gerufen worden und hätten mit dem anderen Dienstgesinde beim Mahl tapfer zugelangt.

Doch die Wirtsfrau gab ihnen zum Abschied Milch und Brei, die vom Morgenbrot der Knechte übriggeblieben waren.

Sie wollten auf das Burgtor zugehen, wo um diese Zeit meist viel Verkehr herrschte, und zwischen den Wagen durchs Tor schlüpfen. Sie versuchten es bei den Tuchlauben und am Hohen Markt, aber ihr Bettelsäcklein blieb schlaff und leer. Die einen stolzierten fein und satt einher und schauten durch die Kinder hindurch. Die anderen stießen sie mit harten Worten aus dem Weg.

Inzwischen waren sie bis zum Salzgries gekommen. Sie wollten es nun an den Haustüren versuchen. Mit dem Türklopfer hatten sie bereits an drei Häusern ihr Kommen angezeigt, doch nirgendwo schien jemand daheim zu sein. Dann öffnete ein Hausdiener die Tür und gab beiden aus einem bereitstehenden Korb eine Rübe.

Sie gingen von Haus zu Haus weiter. Es schneite wieder heftiger. Als sie beim Roten Turm anlangten, war kaum noch die Hand vor den Augen zu erkennen. Sie sprachen eine alte Frau an, die von der Nachbarin kam und gerade ihre Haustür aufschloss. Das Weiblein nahm den beiden Buben die Breischüsseln ab, die zur Bettlerausstattung gehörten, und hieß sie warten. Würde es einen guten, vielleicht gar einen fetten Brei geben? Hoffentlich war er warm! Hinter ihnen auf der Gasse konnten sie Rennen und Keuchen hören.

Mehrere Burschen und einige Weiber, manche mit einem Kind auf dem Arm, hetzten vorüber und riefen ihnen zu, dass die Bettel*vögte* und Rumorsoldaten unterwegs seien, um Bettler zu jagen.

Brei oder Rumorwache, warten oder weglaufen?

Endlich öffnete sich die Tür und die alte Frau reichte die Holzschälchen heraus. Bevor die Kinderhände zugreifen konnten, hatten sich die Knechtsfäuste des Bettelvogts bereits um die dürren Hälse der Buben geschlossen. Sie wurden auf die Gasse zurückgerissen und an ein langes Seil gebunden, das ein reitender Rumorknecht hinter sich herschleppte und an dem bereits fünf oder sechs andere Bettelkinder hingen.

Im leichten Trab ging es durch die Gassen und Winkel, sodass die kleinen Bettelkinder Mühe hatten zu folgen. Vor einem breiten Bau am Tiefen Graben, dem Bettelkotter der Stadt, brachte der Knecht den Gaul zum Stehen. Andere Knechte zogen die am Seil in das Innere des Hauses. Weitere Transporte kamen an und wurden unter Geschrei ins Haus gestoßen. Während Frauen und Männer im Hausflur warten mussten, befahl man die Kinder in die Erdgeschoßstube. Der Bettelrichter hockte hinter seinem Tisch. Ein Schreibpult stand am Fenster, und an der Wand lief eine schmale Sitzbank entlang. Mit monotoner Stimme las der Sekretär aus der Bettlervorschrift

Bettler

vom März dieses Jahres, was der Herr Kaiser Leopold verboten und was er erlaubt hatte, und die Kinder verstanden nur, dass er sehr zornig über das Bettelgesindel war.

Mit viel Schlottern sagten dann Georg Höß und der Wiener Junge ihren Lebenslauf her. Sie waren noch nie vor solch bedeutsamer Obrigkeit gestanden. Angst machte ihnen vor allem der dünne Schreiber. Würde sein Schreiben vielleicht gar an den Herrn Kaiser Leopold gelangen? Georg Höß schämte sich. Matthias, dem Hausmagdssohn, machte es nichts aus, vor dem Herrn Kaiser als Betteljunge zu stehen; sollte der ruhig

Vogt
Verwaltungsbeamter, Aufseher

25

- *In der Geschichte werden einige Ursachen genannt, weshalb die Kinder betteln mussten. Zähle sie auf.*
- *Wie wurden zur Zeit des Absolutismus soziale Probleme (Armut, Obdachlosigkeit usw.) gelöst? Waren diese Maßnahmen wirksam?*
- *Nenne soziale Missstände, die unsere heutige Gesellschaft bedrängen.*

wissen, dass seine Mutter nur geringen Lohn erhielt, von dem zwei Mäuler nicht jeden Tag satt werden konnten!

Zwei Mädchen, Georg Höß, der Wiener und zwei andere Buben wurden wiederum mit Namen aufgerufen und vor den Tisch befohlen. Einer der Vögte brüllte sie an, ein Platz im Zuchthaus in der Leopoldstadt werde für sie schon bereitgehalten. Sie sollten sich also niemals wieder innerhalb des *Linienwalls* antreffen lassen. Dann brachten zwei Knechte die Kinder ans Tor des Bettelkotters und stießen sie auf die Gasse. Mit einem dumpfen Schlag fiel die schwere Tür ins Schloss.

Sechs Bettelkinder stolperten am Tiefen Graben durch den Dezemberschnee des Jahres 1693; es war schon dunkel und die Bürger hatten die Haustüren fest verschlossen. Der Wind trieb ihnen eisigen Schnee ins Gesicht. Man hatte ihnen befohlen, nicht mehr zu betteln und man hatte ihnen befohlen, Wien zu verlassen.

Wohin sollten sie gehen? Wer würde ihnen Arbeit geben?

Linienwall
Grenzwall in Wien zwischen Vorstädten und Vororten; heute: Gürtel

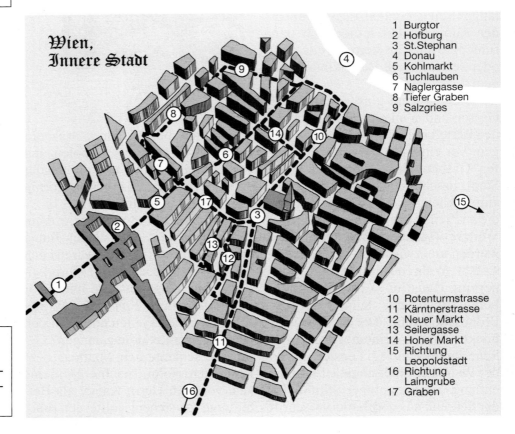

Wien, Innere Stadt

1 Burgtor
2 Hofburg
3 St. Stephan
4 Donau
5 Kohlmarkt
6 Tuchlauben
7 Naglergasse
8 Tiefer Graben
9 Salzgries
10 Rotenturmstrasse
11 Kärntnerstrasse
12 Neuer Markt
13 Seilergasse
14 Hoher Markt
15 Richtung Leopoldstadt
16 Richtung Laimgrube
17 Graben

Pässe sind das kleinere Übel

Während des Absolutismus – zur Zeit Maria Theresias – entstand in vielen Ländern die Wirtschaftsform des Merkantilismus. Der Begriff leitet sich vom lateinischen Wort für Kaufmann (mercator) ab. Durch staatliche Maßnahmen sollte der Handel gestärkt werden. Auf welche Weise das geschehen konnte und warum dies so wichtig war, schildert die folgende Geschichte.

„Hüa – hüa! Lahmer Gaul, lahmer!" Energisch lässt Franz Xaver Jaksch die Peitsche knallen. Es ist nicht mehr lang hin bis zur Dämmerung; in einer Stunde will er auf der anderen Seite der Passhöhe sein mit seinem Gespann. Dort ist, etwa auf hal- ber Strecke zwischen Klagenfurt und Graz, die Herberge für Kaufmannsleute. Dort will Franz Xaver einkehren.

Nur mühsam finden die vier Gäule einen Tritt auf dem morastigen Weg in die Höhe. Der Wagen ist schwer und

- *Betrachte das Bild und erkläre, welche Hindernisse für den Handel im 18. Jahrhundert bestanden!*

Für eine funktionierende Volkswirtschaft war der Austausch von Waren zwischen den Provinzen und der Zentrale unverzichtbar.

27

Maria Theresia

schlingert in den Spuren bedenklich. Der Vorratsbehälter unter dem Wagen, der mit Hafer, Werkzeug, Proviant und den wenigen Habseligkeiten des Kaufmanns gefüllt ist, schleift fast über dem Boden.

„Kreuzsakra . . .!" Franz Xaver kann förmlich zusehen, wie sich das linke Hinterrad von der Achse löst. Auch das noch: eine Panne auf halber Höhe des Passes! Gott sei Dank ist das Unglück in einer Mulde passiert, so dass der Wagen nicht rückwärts rollt und eine Reparatur ohne Hilfe möglich ist.

Trotzdem wird es eine arge Plackerei, bis Franz Xaver das Rad wieder am Wagen hat. Schließlich hat das einen Durchmesser von einem Meter und ist zehn Zentimeter breit. Das dauert seine Zeit, bis es gerichtet ist! Kaum ist er fertig – die Sonne steht schon hinterm Berg –, da vernimmt Franz Xaver Pferdegetrampel im Gebüsch abseits des Weges. Wird er jetzt auch noch von Räubern heimgesucht?

„Wär eh g'scheiter, i wär bei meiner Frau blieben", denkt sich der Kaufmann. Doch die Reiter kümmern sich nicht um ihn. Sind es Pascher, jene schwarzen Buben, die man anderswo Schmuggler nennt? Haben sie Kaffeebohnen in ihren Säcken oder ein anderes Luxusgut? Ernsthafte Kaufleute können damit nicht handeln; zu hoch sind die Abgaben an jeder der zahlreichen Mautstellen auf den Fahrwegen. Aber Reiter können die Stellen leicht umgehen.

Hinter der Passhöhe, die Franz Xaver schließlich erreicht, ist eine solche Mautstelle. Der Kaufmann hat es aufgegeben nachzuzählen, die wievielte es seit Beginn seiner Reise ist. Und er muss es sich gefallen lassen, dass seine Fracht zum x-ten Male inspiziert wird.

An den Außengrenzen der Monarchie sind die Untersuchungen noch genauer, denn bestimmte Waren sind vom Einfuhrverbot betroffen. Das trifft Luxuswaren wie Gold und Silber, aber auch Stoffe.

Vor drei Jahren, im September 1749, ist das entsprechende *Edikt* erlassen worden. Gar manchen Kaufmann hat die Beschränkung der Einfuhren an den Rand des Ruins gebracht. So sind die schlechten Wege und die Pässe, die zu überwinden sind, noch das kleinste Übel im Vergleich zu den Einschränkungen und Steuerbestimmungen!

Die Idee dahinter ist ja selbst Franz Xaver verständlich: Einfuhrverbote sollen die eigenen *Manufakturen* des Landes ankurbeln und damit die Entwicklung der einzelnen Landesteile verbessern. Aber das ist Politik und von der kann Franz Xaver sich nichts zum Leben kaufen!

Der Mond steht schon über den Bergspitzen, als der Kaufmann endlich in der Herberge anlangt. Die Pferde sind schnell versorgt und bald kann sich Franz Xaver am wärmenden Feuer in der Gaststube die Pfeife stopfen. Man kommt bald ins Gespräch. Der eine hat sich spezialisiert auf eine ganz besondere Ware: Erzeugnisse der Porzellanmanufaktur in Wien. Weil das Gut zerbrechlicher als anderes ist, kommt er nur in kleinen Tagesetappen voran. Bald ist man im Politisieren. Ein bisschen Neid spielt schon mit, als Franz Xaver und die anderen den Porzellanhändler in die Zange nehmen. Ist es denn gerecht, dass die Regierung die Manufakturen mit Geld unterstützt? Der Porzellanhändler weiß zu antworten: Das Gewerbe müsse gestützt und gefördert werden, argumentiert er.

Der traurige Zustand des Gewerbes hat aber auch seine Ursache, weiß der Porzellanhändler: In den kleinen Städten tat sich nicht viel unter den Handwerkern und in den größeren Städten, ja selbst in der Hauptstadt Wien fehlt es an Menschen, die in den Manufakturen arbeiten wollen. Denn wer kommt schon von seinem Grundherrn los, um sein Brot in den großen Werkstätten zu verdienen? Nur in der Theorie sind die Gutsherren der Kontrolle unterworfen. In der Praxis machen sie, was sie wollen. Besonders drückend ist das in den Landesteilen, in Böhmen beispielsweise, wo jeder der Gutsbesitzer nur auf seinen Vorteil schaut.

Arbeitsdienste verlangen die Gutsherren und der Zins, den die Bauern zu zahlen haben, lässt ihnen nicht viel übrig. Die Arbeit auf dem Acker und mit dem Vieh braucht jede Arbeitskraft, die wieder dem Gewerbe und den Manufakturen fehlt.

Gütertransport über die Alpen auf gut ausgebauter Straße

Als die Tür aufgeht und die zwei Mautbediensteten in die Herberge eintreten, um einen Humpen Bier zu trinken, verstummt das Gespräch der Kaufleute. Denn die Zollpächter sind die Gegner der Händler.

„I hab g'hört, die Kaiserin hat g'schworn, denen das Handwerk zu legen", tuschelt einer der Fuhrleute Franz Xaver hinter vorgehaltener Hand zu. Er ist aus Wien und weiß weiter zu berichten, dass der Plan am Kaiserhof auf Widerstand stößt.

Als die Kaufleute sich schließlich in die gemeinsame Schlafkammer zurückziehen, hat jeder von ihnen einen harten Tag hinter sich. Doch die Pässe sind das kleinere Übel, überlegt Franz Xaver, während ihm die Augen schon zufallen. Die Mautstellen müssen weg. Hoffentlich kann sich die Kaiserin bald durchsetzen!

- *Erkläre, welche Maßnahmen die Händler für notwendig hielten, damit sich ihre Lage verbessert!*
- *Überlege: Welches Interesse hatten Kaiser und Könige daran, dass der Handel funktionierte?*
- *Welche Probleme gibt es heute mit dem Verkehr und dem Warentransport?*
- *Vergleiche mit der Geschichte: „Zeige Er uns jetzt seine neumodische Werkstatt!" S. 11*

Monsieur Turgot lässt bitten!

Schon lange, bevor 1789 in Frankreich die Revolution ausbrach, versuchten Verantwortliche etwas über die Ursachen des sich ausbreitenden Unmuts in der Bevölkerung herauszufinden. In unserer Erzählung berichtet der junge Student Pierre Boucher kritisch über die Lage im Land und hofft, dass sein Auftraggeber, Monsieur Turgot, etwas ändern wird.

Pierre Boucher trippelt nervös in einem einfach eingerichteten Vorzimmer auf und ab. Die nächste Stunde kann für ihn, den Studenten aus einer kleinen Beamtenfamilie, über Beruf und Karriere entscheiden! Ihm kommt es vor, als sei er erst vor wenigen Tagen in eben dieses Amtshaus von *Limoges* gerufen worden, dabei ist es schon gut drei Monate her, dass der Sekretär des Intendanten, des „Regierungspräsidenten" von Limoges, ihn in seiner kleinen Dachwohnung aufgesucht hatte: Monsieur Turgot habe von seinem Professor viel Gutes über ihn gehört und gesagt, die Intendantur wisse sehr wohl auch über seine aufrührerischen Reden! Allerdings, so fügte der Sekretär hinzu, Monsieur Turgot schätze unabhängige und kritische Geister und deshalb habe er einen Auftrag für ihn: Pierre Boucher solle für drei Monate in ganz Frankreich herumreisen und seine Eindrücke über den Stand der französischen Landwirtschaft in einem ausführlichen Bericht zusammenfassen. „Monsieur Turgot lässt bitten", dieser Satz reißt Pierre aus seinen Gedanken. Anne Robert Jaques Turgot, der Intendant von Limoges, sitzt hinter einem mit Büchern und Papieren übersäten Schreibtisch und blickt auf: „Ah, Monsieur Boucher. Ich glaube, Sie sind wie ich ein Verehrer von *Voltaire*. Aber das dürfen wir natürlich nicht öffentlich sagen."

Pierre schweigt, er hat gehört, dass man bei Turgot vorsichtig sein müsse. Insgeheim hofft er, bei der Intendantur eine Stellung zu bekommen. „Euren Bericht, Boucher, habe ich mit Interesse gelesen. Nicht schlecht, obwohl ich nicht mit allem übereinstimme. Aber gehen wir doch in die Einzelheiten!"

Pierre schluckt und beginnt erst stockend, dann immer flüssiger zu reden: „Die Großpächter, das sind Leute von Adel, aber auch aus dem Bürgertum, die das gesamte Pachtland erworben haben, auf ihm Taglöhner beschäftigen oder es weiter verpachten, meist für den Zeitraum von neun Jahren . . .!"

„Das setzt erhebliches Kapital voraus!"

Limoges
Stadt im südlicheren Teil von Frankreich
Voltaire
Französischer Philosoph, Historiker und Dichter (1694–1778), kritisierte den absolutistischen Staat und die Herrschaft der Adeligen

Bauernwohnung

„Sicher, Monsieur Turgot, aber es bringt auch großen Gewinn, wenn Ihr bedenkt, wie in letzter Zeit die Getreidepreise steigen und das Geld weniger wert wird."

„Seht Ihr das nicht zu einseitig, Boucher? Bringen solche Leute nicht technische Neuerungen ein, modernisieren unsere Landwirtschaft?"

„Bei allem Respekt, Euer Gnaden, es gibt nur wenige darunter, die tatsächlich neue Geräte und Anbaumethoden einführen. Auch auf den großen Höfen habe ich nur einfache Pflüge gesehen; das Verhältnis von Saat und Ernte beträgt bei Weizen immer noch sechs oder fünf zu eins."

„Mit modernen Methoden wäre das doch leicht zu steigern!"

„Aber das braucht Zeit und nur wenige denken so langfristig; meist sind das adelige Grundherren, die über das nötige Kleingeld verfügen. Der normale Großpächter aber investiert für neun Jahre, und in diesem Zeitraum will er den größten Gewinn herausholen. Und dafür genügen billige Arbeitskräfte. Oft werden die Unterpächter auch gezwungen, eine festgelegte Menge an Getreide oder Wein abzuliefern, was bei steigenden Preisen immer ein Geschäft ist. Kein Wunder, dass die Großpächter auf dem Lande ziemlich verhasst sind!"

Das mühselige Leben der Bauern

„Die Spinne und die Fliege"
Grundherr und Bauer, Kupferstich

„Lassen wir die Großpächter, kommen wir zu den Bauern selbst. Ihr erwähnt in Eurem Bericht, dass es noch knapp eine Million höriger Bauern gibt. Eigentlich sind unsere Bauern mit ganz geringen Ausnahmen doch frei?"

„Manche Gebiete sind ja erst im letzten Jahrhundert zu Frankreich gekommen und der Adel dort hat sich gegen jede Anpassung gewehrt. Die Bauern beklagen sich bitter, dass ihre Kinder nicht einmal Schränke, Kisten oder Kleider, geschweige denn Land erben können, ohne dass dem Herrn riesige Abgaben zu entrichten sind."

Turgot seufzt: „Aber wie steht es mit unseren freien Bauern? Ihr unterscheidet da ja sehr genau."

„Nun, da gibt es Bauern, die von ihren Äckern einigermaßen bequem leben können. Vor allem die Weinbauern haben gute Eichenschränke in ihren Stuben und schönes Geschirr in ihren Schränken stehen."

Turgot lacht: „Ja, diese Dorfhähne haben viel Selbstbewusstsein entwickelt; sie erzeugen Überschüsse, die sie auf dem Markt verkaufen können, und da kommt ihnen natürlich die Preissteigerung zugute. Wenn wir sie nur ein bisschen für moderne Anbaumethoden interessieren könnten!"

Pierre unterbricht den Intendanten: „Aber das sind doch nur wenige! Die meisten freien Bauern haben bei guten Ernten gerade genug zur Selbstversorgung. Bei Missernten aber ist die Krise programmiert: Die Bauern essen einen Teil des Saatguts auf, was die folgende Ernte vermindert."

„Wem sagt Ihr das, Boucher? Ein staatlicher Getreidevorrat ist nötig; man muss das Saatgut den Bauern zu günstigen Bedingungen anbieten, ohne dass sie sich noch weiter verschulden. Doch mit solchen Ideen stehe ich ziemlich allein. Aber zurück zu Eurem Bericht, da beklagt Ihr ja vor allem die Lage der Halbpächter."

Pierre Boucher nickt: „Früher gab es da eine ganz klare Abmachung zwischen dem Grundherrn und dem Pächter: Der Bauer erhielt wenigstens die Hälfte aller Erträge des von ihm bestellten Bodens und die Hälfte aller tierischen Produkte, bei guten wie bei schlechten Ernten. Heutzutage verlangen die meisten Grundeigentümer oder Großpächter, dass der Bauer neben der Hälfte der Erträge auch noch eine Summe Geldes jährlich zahlen muss. Damit wird den Bauern natürlich jede Chance genommen, sich aus ihrer Abhängigkeit zu lösen und selbst zu bescheidenem Wohlstand zu kommen. Die meisten von ihnen sind schon derart verschuldet, dass sie sich jedem Wunsch ihres Grundherrn fügen müssen. Dazu kommt der Frondienst; die Bauern müssen den Backofen, die Mühle oder die *Kelter* ihrer Herrschaft benutzen, gegen saftige Gebühren, versteht sich. Und dann noch alle möglichen Abgaben, von Region zu Region, ja von

Kelter
Große Traubenpresse

Grundherr zu Grundherr verschieden: bei Heirat, Taufe, Erbschaft, größeren Verkäufen, zu irgendwelchen Kirchenfesten."

„Und die Gerichte?"

„Also, ich habe Gerichtsbarkeiten gesehen, die in einem unglaublichen Zustand waren: Ohne *Archiv,* in irgendeiner Schänke, wenn nicht gar unter der Dorflinde Recht gesprochen wurde. Die Richter sind schlecht bezahlt, vom Grundherrn abhängig und versoffen!"

„Aber unsere Gesetze sind so schlecht nicht", wirft Turgot ein.

Boucher schüttelt unwillig den Kopf. „Kann ein Bauer wegen einer geraubten Kuh oder zu viel verlangter Abgaben vor fünf oder sechs *Instanzen* gehen? Kein Tier, ja nicht einmal er selbst lebt so lange, bis er beim letzten Gericht dann Recht bekäme! Und dann darf der Adel jederzeit über die Felder reiten, ja, dem Landmann drohen sogar Strafen, wenn er das Wild von seinen Äckern treibt."

„Mäßigt Euren Zorn, Boucher", unterbricht Turgot den jungen Mann nicht unfreundlich. „Wer kennt diese Missstände nicht besser als ich? Seit Jahren prangere ich sie an. Aber Ihr müsst auch die andere Seite verstehen: Viele dieser Adeligen sind bitterarm, der Wind pfeift durch ihre Schlösser, sie müssen im Sommer ein wenig Geld sammeln, um im Winter in der Stadt wohnen zu können. Hier muss der neue König unbedingt Reformen einführen."

Turgot wird durch seinen Sekretär unterbrochen, der aufgeregt auf den Intendanten zueilt, ein Schriftstück in der Hand. „Lest, Monsieur, und lasst Euch gratulieren!"

Turgot liest, Pierre erkennt, dass es eine Urkunde ist, auf der das königliche Siegel prangt. Turgot schluckt, ehe er den Inhalt bekanntgibt: „Seine Majestät hat mich zum Minister ernannt! Ihr müsst mich entschuldigen – ich bin verwirrt."

„Ihr solltet jetzt gehen", flüstert der Sekretär Pierre zu, aber da winkt Turgot den jungen Mann zu sich: „Ich wollte Euch noch sagen, dass mir Euer Bericht gut gefallen hat, auch wenn Ihr ein Heißsporn seid. Ich werde sehen, wo ich für Euch Verwendung finde. Frankreich braucht neue Männer und neue Ideen. Mit Ludwig XVI. bricht eine neue Zeit an! Wir werden der Wirtschaft alle Hemmnisse aus dem Weg räumen, und seid sicher, der Umsturz, von dem so viele reden, findet dann nicht statt."

Archiv
Geordnete Sammlung von Urkunden und Akten
Instanz
Nächst höhere Behörde

● *Informiere dich in deinem Geschichtsbuch über die Zeit Ludwigs XVI. Hat Turgot als Minister die wirtschaftlichen Missstände beseitigen können? Stelle eine Liste der Missstände zusammen, die Pierre Boucher in seinem Bericht bei Monsieur Turgot als Gründe für die schlechte Wirtschaftslage anführt.*

Kaiserliche und andere Kinder

Am kaiserlichen Hof zu Wien vermied man übertriebenen Luxus. Dennoch war der Unterschied zwischen dem Leben der kaiserlichen Kinder und dem anderer Kinder sehr groß. Aus dem kleinen Reserl der folgenden Geschichte wurde die große Kaiserin Maria Theresia. Sie regierte von 1740 bis 1780.

Reserl freute sich auf den Sommer. Den verbrachte die Kaiserfamilie in ihrem Sommerschloss, der „Favorita", was so viel heißt wie „Lieblingsschloss". Hier gab es einen großen Garten mit gestutzten Hecken und zwei riesigen Teichen. Auf diesen Teichen wurden Theaterstücke aufgeführt, vor allem Seeschlachten mit vielen Ruderbooten und vielen kostümierten Schauspielern, die lauter Fürsten und Grafen waren, und selbstverständlich einem großen Orchester. Manchmal dirigierte sogar Kaiser Karl höchstpersönlich seine eigenen Kompositionen, denn er wäre viel lieber Komponist als Kaiser geworden. Reserl und Nannerl warteten ungeduldig auf die Zeit, wo sie auch als Sängerinnen und Schauspielerinnen mitmachen durften.

Und die beiden Prinzessinnen freuten sich auf die feierlichen Kirchgänge jedes Jahr: Zu Leopoldi zog der Hof mit vielen Kutschen nach

Vornehme Kinder beim Ballspiel

- *Schlag in deinem Geschichtsbuch nach: Welche Maßnahmen traf Maria Theresia als Herrscherin, um die Verhältnisse in Wien und andernorts zu verändern?*

Klosterneuburg. Nach den kirchlichen Feiern gab es ein gutes Essen im Stift, und dann übernachtete die kaiserliche Familie in den prächtigen „Kaiserzimmern" in Klosterneuburg.

In der Karwoche ging es in den Wiener Vorort Hernals. Dort wanderte die Kaiserfamilie in kostbaren Bußgewändern mit allen Würdenträgern auf den dortigen Ölberg mit den Kreuzwegstationen. Selbstverständlich kamen auch jetzt wieder viele Leute zusammen, um dieses Schauspiel mitzuerleben.

Der Höhepunkt des Jahres war aber der feierliche „Umgang" zu Fronleichnam, wenn der Kaiser mit seiner Familie hinter dem „Himmel" zu Fuß durch die Straßen von Wien zog.

Wien war damals noch umgeben von einer Stadtmauer mit sechs Stadttoren, die am Abend zugesperrt wurden. Wer trotzdem noch in die Stadt wollte, musste Sperrgeld bezahlen. Die Häuser waren hoch und sehr eng zusammengedrängt. Daher waren viele der 83 Wiener Straßen auch bei Tag dunkel und rochen außerdem nicht gut: Der Abfall wurde einfach auf die Straße geworfen.

Eine Pflasterung gab es nicht. Die großen Straßen waren mit kleinen Steinen, ähnlich wie Kieselsteine, bestreut. Die kleinen Straßen waren oft sehr lehmig. Damit man überhaupt gehen konnte, waren Trittsteine mitten in dem Unrat angebracht.

Die Frauen mit den schweren Wassereimern stiegen von einem Trittstein zum nächsten und mussten aufpassen, dass die langen Röcke nicht schmutzig wurden.

Vor 200 Jahren gab es noch keine Wasserleitungen. Die Frauen mussten mit Eimern das Wasser von den Brunnen in die Häuser holen und oft viele Stiegen hinaufschleppen. Auch das war ein Grund, warum sich die Leute damals sehr viel weniger wuschen als heute: das Wasserschleppen war allzu mühsam!

Wie ihr wisst, gab es vor 200 Jahren auch keine Autos, keine Straßenbahnen, keine Eisenbahn. Wer einen Weg hatte, ging meistens zu Fuß, jedenfalls alle Leute, die nicht reich waren, und das waren die meisten. Das Gepäck zogen sie in einem kleinen Handwagen hinter sich oder schoben es mit einer Schubkarre vor sich her.

Die vornehmen Leute mieteten sich einen Fiaker mit zwei Pferden, was so ähnlich ist wie ein Taxi heute. Eine Fiakerfahrt kostete innerhalb der Stadtmauern einen „Siebzehner", also 17 Kreuzer, was ein eigenes Geldstück war. Eine Stunde Fiakerfahrt kostete zwei Siebzehner, und ein Fiaker für einen Tag mit Kutscher kostete 2 Gulden 30 Kreuzer. Das war nicht gerade billig, wenn ihr bedenkt, dass ein Mittagessen im Gasthaus nur 8 bis 10 Kreuzer kostete.

Auch ein Tragsessel, eine Sänfte, war teuer. Wer von zwei Trägern in einer Sänfte bequem durch die Stadt

Kinder Maria Theresias

getragen werden wollte, musste dafür je nach Entfernung einen bis zwei Siebzehner bezahlen. Bei diesen Preisen gingen fast alle Wiener lieber zu Fuß.

Am Abend wurde die große, enge Stadt noch sehr viel dunkler. Es gab zwar 1 654 Laternen, aber für so eine große Stadt ist das nicht viel, auch wenn die städtischen Laternenanzünder hart arbeiten mussten, um diese 1 654 Laternen täglich mit neuem Wachs zu füllen, jeden Abend anzuzünden und in der Nacht, wenn die meisten Leute schliefen, wieder auszulöschen.

Reserl und Nannerl bekamen natürlich die engsten und ärmsten und am schlechtesten riechenden Gassen mit den schmutzigen Kindern nie zu Gesicht. Aber schon Hauptstraßen, die der Hof beim feierlichen Umgang zu Fronleichnam von einer Kirche zur anderen nahm, waren für die kleinen Prinzessinnen spannender und aufregender als alle Kirchenfeiern. Sie freuten sich jedesmal auf all die fremdartigen Gerüche und fremdartigen Geräusche in der für sie fremdartigen Hauptstadt Wien.

Vor allem freuten sie sich aber über die Leute in Wien. Denn das waren ja Menschen, die sie am Hof nie zu sehen bekamen. Sie nannten sie die „Ungepuderten". Denn sie hatten nicht die weißen Perücken, wie man sie am Hof trug, und nicht einmal feinfrisierte gepuderte Haare. Sie trugen „natur". Denn sie waren nur Schneider oder Bäcker oder Knech-

te oder Kutscher und hatten andere Sorgen als ihre Frisur.

Und außerdem: Selbst wenn ein Bäcker sich hätte feinmachen wollen wie ein Graf, wäre ihm das nicht erlaubt gewesen. Denn es gab eine kaiserliche Kleiderordnung, worin genau vorgeschrieben war, was adelige Leute und was nichtadelige Leute tragen durften. Ein Bäcker durfte keine gepuderten Haare haben und auch keine Schuhe mit rotem Absatz, auch keine Goldborten am Rock und keinen Schmuck und keine Edelsteine.

All das durften nur die Adeligen. Selbst wenn ein Bäcker so viel Geld gehabt hätte wie ein Fürst, er hätte niemals edelsteinbesetzte Schuhe tragen dürfen. Er musste bei seinen schwarzen, derben Schuhen bleiben, die er mit Bändern verschnüren musste. Denn auch Schnallen waren für ihn verboten.

Reserl und Nannerl wunderten sich auch über die Kinder, die nichts an den Füßen hatten und mit den nackten schmutzigen Füßen mitten im Schlamm an der Straße standen und ihnen zuwinkten. Wie doch diese Leute merkwürdig angezogen waren! Noch viel armseliger als der allerletzte kaiserliche Holzträger, der am Abend im Kamin der kaiserlichen Kindskammer das Holz nachlegte.

Reserl und Nannerl bestaunten die vielen fremden und arm aussehenden Leute, die da am Straßenrand standen: die schmutzigen Kinder, die

Kaiserliche und . . .

. . . andere Kinder

● *Überlegt, was die Menschen gedacht oder gesprochen haben könnten.*

- *Versetzt euch in die Situation von ärmeren Wienern, die vom Straßenrand aus die Ausfahrten und Umzüge der kaiserlichen Familie miterleben! Wie würden sie darüber sprechen oder schreiben?*
- *Versucht eine Straßenszene aus Wien um 1760 zu zeichnen oder zu beschreiben!*

Bettler, die Lavendelfrauen, die Dienstmädchen, die Sesselträger, die Maronibrater . . . Oft hatten Reserl und Nannerl Mitleid und machten sich um die Leute am Straßenrand Sorgen. Aber die Aja, die kaiserliche Kinderfrau, sagte ihnen, dass der Kaiser all diese armen Leute reich beschenke.

Und wirklich: Der kaiserliche Almosenier (Almosengeber) war auch meistens dabei und verteilte Geldstücke. Aber wie lang diese Geldstücke reichten, wussten die Kinder nicht. Und sie dachten auch nicht daran, dass es außer diesen Leuten, die an der Straße standen und beschenkt wurden, noch viele andere gab, die weiter entfernt wohnten oder zu krank waren, um den Weg bis zu den kaiserlichen Kutschen zu machen. Niemals hatten sie Gelegenheit, mit den Kindern auf der Straße persönlich zu sprechen. Denn die Aja passte sehr auf, dass die „allerdurchlauchtigsten" Kinder nicht mit all dem Schmutz und den Krankheiten in Verbindung kamen.

„Kaiserliche" und alle anderen Kinder – das waren ganz verschiedene Welten. Die einzigen Kinder, die mit den kaiserlichen Kindern spielen durften, waren die Kinder der Fürsten und Grafen. Diese Kinder waren ebenso prächtig angezogen wie die kaiserlichen Kinder. Sie hatten ebenso gepuderte und feingelockte Haare. Sie hatten ebenso zierliche Schuhe. Und sie sprachen dieselbe Sprache oder dieselben Sprachen: Italienisch, Französisch und ein wienerisches Deutsch.

Feierlicher Zug über den Graben nach St. Stephan in Wien

38

Gespräch
mit einem modernen Herrscher

In der Fantasie ist alles möglich, auch ein Gespräch zwischen einem heutigen Reporter – nennen wir ihn Georg Markus – und Kaiser Josef II., der zwischen 1780 und 1790 regiert hat. Der erfundene Dialog macht es deutlich: Josef war ein „gekrönter Revolutionär".

Kaiser Josef II.

JOSEF: na, was gibt's neues in österreich, was hat sich in den letzten zweihundert jahren verändert?

MARKUS (setzt zu einer tiefen verbeugung an)

JOSEF: lassen sie das! ich habe den hofknicks abgeschafft!

MARKUS (erhebt sich mit mühe): es gibt unglaublich viel neues in österreich, majestät.

JOSEF: bitte keine titel! also, das neue!

MARKUS: österreich ist ein moderner rechtsstaat.

JOSEF: ich war es, der die aus drei *instanzen* bestehende gerichtsordnung einführte, die für alle bürger ohne unterschied des standes verbindlich ist. ich gründete die staatliche polizei, lockerte die *zensurmaßnahmen*, förderte gedanken- und geistesfreiheit.

MARKUS: österreich ist ein sozialstaat.

JOSEF: ich führte die ersten einrichtungen zur kranken- und altersvorsorge ein. welches ist ihr größtes spital?

MARKUS: das allgemeine krankenhaus in wien.

JOSEF: hab ich 1784 gegründet. war damals die modernste klinik der welt. ich ließ klöster zu spitälern umbauen, errichtete irrenanstalten und waisenhäuser.

MARKUS: in österreich gibt es keine todesstrafe.

JOSEF: die hab ich 1782 abgeschafft*), gleichzeitig mit der folter. weiter!

MARKUS: die bauern gehören einem freien berufsstand an.

JOSEF: ich war es, der ihre *leibeigenschaft* aufhob.

MARKUS: wir leben im zeitalter der *emanzipation.*

JOSEF: drücken sie sich allgemein verständlich aus! schließlich führte ich das deutsche anstelle des lateinischen als amtssprache ein. ach ja, zur emanzipation: in meiner regierung wurde die gleichberechtigung

*) Die Todesstrafe wurde nach dem Tod Josefs II. wieder eingeführt.

Instanzen
Ein Rechtsfall kann nächsthöhere Gerichte durchlaufen.
Zensur
Kontrolle der Presse durch staatliche Behörden
Leibeigenschaft
Unfreiheit, persönliche Abhängigkeit in der Regel von einem Adeligen
Emanzipation
Befreiung von Abhängigkeit, Gleichberechtigung

Toleranzpatent
Gesetz zur Duldung zum Beispiel von Menschen anderen Glaubens

Kaiser Josef II. im Gespräch

- *Warum wohl hat der Reporter die Aussagen Josefs alle klein geschrieben?*
- *Stellt eine Liste der von Kaiser Josef II. eingeführten Neuerungen auf und schlagt im Schulbuch nach, was sie bedeuten und unter welchem Begriff sie zusammengefasst werden!*
- *Wieso nannte man Josef II. einen „gekrönten Revolutionär"?*
- *Überprüft die letzte Aussage des Reporters. Stimmt sie?*

von mann und frau in der ehe durchgesetzt und die rechtsstellung unehelich geborener kinder verbessert.

MARKUS: wir haben ein modernes schulsystem.

JOSEF: ich setzte die bildungspolitik meiner mutter fort, baute die von ihr eingeführte schulpflicht aus, ließ eltern, die ihre kinder statt zur schule in die arbeit schickten, bestrafen. begabten aus mittellosen familien wurde der zugang zu gymnasien und universitäten erleichtert.

MARKUS: unser land zeichnet sich durch das recht auf freie religionsausübung aus.

JOSEF: das hab ich 1781 durch das *toleranzpatent* ermöglicht.

MARKUS: abends geht man ins burgtheater.

JOSEF: wurde von mir 1776 gegründet.

MARKUS: unsere regierung muss sparen.

JOSEF: das problem kenne ich. daher ließ ich zahlreiche einrichtungen des vielvölkerstaates durch einen modernen, zentralverwalteten einheitsstaat ablösen, wodurch zehntausende beamte eingespart wurden. ich sperrte schönbrunn und einen teil der hofburg zu, entließ die dienerschaft meiner mutter, behielt von der einstigen hofküche nur eine köchin. und ich war der erste kaiser, der sich selbst rasierte.

MARKUS: alle bürger können heute, wenn sie der schuh drückt, beim österreichischen bundespräsidenten vorsprechen.

JOSEF: das konnten sie bei mir auch schon. ich duldete als erster regent sogar kritik an meiner person.

MARKUS: also, so weit sind wir noch nicht.

Skandal in Salzburg! Oder: Genies haben es nicht immer leicht!

Der Umgang mit Genies ist nicht immer einfach. Dies zeigt die Auseinandersetzung zwischen Mozart und dem Erzbischof von Salzburg. Doch wird einem Genie so manches verziehen . . .

Figurine des Papageno aus Mozarts „Zauberflöte"

Mozart wanderte, die Hände auf dem Rücken verschränkt, zornig in dem kleinen Kabinett in der Wiener Hofhaltung des Erzbischofs hin und her, in dem man ihn nun schon eine gehörige Zeit warten ließ. Was bildete er sich ein! Andere Menschen derart hochnäsig zu behandeln, nur weil er Erzbischof und von adeligem Blut war!

Über Mozarts Gesicht flog ein geringschätziges Lächeln. Zum Bischof wurde man gewählt und Adel schützte nicht vor grenzenloser Dummheit. Er, Mozart, hatte wenigstens ein Talent und das wollte er in Freiheit entfalten. Auch für 500 Gulden im Jahr würde er weder dieses Talent noch seine Seele verkaufen.

Der junge Komponist war so in seinen Zorn vertieft, dass er überhörte, wie sich die Tür öffnete. Erst die näselnde Stimme des Sekretärs, der ihn hierher geführt hatte, riss ihn aus seinen Gedanken: „Wenn Sie jetzt mitkommen wollen, Mozart . . ."

Schweigend schritten sie durch einen langen Gang, bis sie vor einer geschnitzten Doppeltür standen, die ins Arbeitszimmer des Erzbischofs führte.

Der Sekretär klopfte, ein *Lakai* öffnete und ließ sie herein.

„Durchlauchtigster Herr, der Hoforganist Mozart", meldete der Sekretär und zog sich zurück.

Mozart trat drei Schritte in den Raum hinein, machte einen *Kratzfuß* und wartete dann mit gesenktem Kopf, bis er angesprochen wurde, fest entschlossen, sich nichts, aber auch gar nichts gefallen zu lassen.

Hieronymus Graf Colloredo, Fürsterzbischof von Salzburg, saß an seinem Schreibtisch und klopfte mit den Fingern ein *Andante* auf die Armstützen des hochlehnigen Stuhls, in dem er kerzengerade saß. Er war wie üblich aufs Peinlichste korrekt gekleidet, kein Stäubchen lag auf Kragen oder Umhang und seine Perücke war makellos, wie aus Erz gegossen. Dem Gesicht darunter konnte man die schlechte Laune unschwer ansehen. Die Augen waren zu schmalen Schlitzen zusammengekniffen, zwei tiefe Falten gruben sich über der Nasenwurzel in die Stirn.

Lakai
Diener in Uniform
Kratzfuß
Übertriebene Verneigung, Hofknicks
Andante
Musikstück mit mäßigem Tempo

Mozart mit päpstlichem Orden

Der Fürsterzbischof Colloredo (1771–1811)
von Salzburg

Nachname: MOZART, Vorname: Johann Chrysostomus Wolfgang Theophil, genannt Wolfgang Amadé oder Amadeus.
Geboren: 27. Januar 1756 in Salzburg.
Beruf: Komponist, Pianist, Organist, Violinspieler, Dirigent, Konzertmeister, Musiklehrer.
Besondere Kennzeichen: genial, aber völlig unbekümmert.

antichambrieren
Im Vorzimmer auf Einlass warten
Allegretto
Musikstück mit lebhaftem Tempo

„Nun, was hat Er zu Seiner Rechtfertigung zu sagen?"
So scharf und unvermittelt sprach Graf Colloredo ihn an, dass Mozart um ein Haar zusammengezuckt wäre. Er beherrschte sich gerade noch und hob den Kopf.
„Ich wüsste nicht, was ich schon wieder verbrochen haben sollte", entgegnete er ruhig.
„Ich wüsste nicht, ich wüsste nicht", äffte ihn der Erzbischof nach. „Er wählt schon wieder Formulierungen, die Seiner Stellung durchaus nicht angemessen sind. Aber Wir werden Uns herablassen, Ihm seine Verfehlungen zu nennen. Er hat wochenlang in München sich herumgetrieben, obwohl man Ihm dringend anbefohlen hat, sich in Unsere Residenz zu verfügen. Dann ist Er nach Wien bestellt worden, aber anstatt Uns Seine Dienste zu leisten, wie es

Seine Pflicht gewesen wäre, hat Er am Kaiserlichen Hof *antichambriert*. Schließlich hat man Ihn nach Salzburg zurückgeschickt, Er aber spaziert unverdrossen weiter in Wien herum. Nun, also, zum zweiten Mal: Was hat Er zu Seiner Entschuldigung zu sagen?"
Mozart machte ein paar Schritte auf den Erzbischof zu.
Das Klopfen der Finger wechselte zum *Allegretto,* doch Mozart bemerkte das Alarmzeichen nicht.
„Aber versteht Ihr das denn nicht, Durchlauchtigster Herr?", rief er. „Mit meiner Oper ‚Idomeneo' hatte ich in München einen so großen Erfolg, den musste ich doch einfach ein bisschen feiern! Und hier in Wien, da ist der Hof, da ist die große Welt, da liebt man die Musik, hier könnte ich komponieren, Opern schreiben . . ."
„Er könnte, aber Er kann nicht!", un-

terbrach ihn der Erzbischof trocken – die Finger hielten fürs Erste still. „Er hat vor allem Seine Pflicht zu tun, will Er das nicht endlich begreifen?"

„Aber . . ."

„Höre Er zu, was Wir Ihm zu sagen haben!" Die Finger begannen wieder zu klopfen, *vivace* diesmal.

„Er ist nämlich Unser bezahlter Diener, nicht schlecht bezahlt, scheint Uns, und dafür hat Er ausschließlich Uns zu dienen, wie jeder andere Unserer Diener auch."

„Ja, das ist auch so etwas", brach es da aus Mozart heraus, „Diener! Wie kann ein Musiker und Compositeur so wenig gelten wie ein untergeordneter Lakai? Wieso muss er beim Küchenpersonal speisen wie ein Rübenschäler oder Pfannenputzer? Wie kann überhaupt der Hoforganist und Konzertmeister dem Oberküchenmeister unterstellt sein, als ob er bloß zur Verdauung der hohen Herrschaften beizutragen habe? Wisst Ihr, Durchlauchtigster Herr, wie man in England oder Italien die Compositeure ehrt?" Mozarts Stimme war ungebührlich laut geworden und die erzbischöflichen Finger hatten zum *Prestissimo* angesetzt, das mit einem heftigen Klatschen der Handflächen auf die Armlehnen endete.

„Schweige Er jetzt!" Die Stimme Colloredos war schneidend. „Er ist in Salzburg, nicht in Italien und nicht in England. Geh Er doch dorthin, wenn Er meint, Er sei so gut! Aber offenbar hat Ihn ja noch niemand gerufen? Vielleicht überschätzt Er sich auch ein wenig? Ist gar nicht das große Genie? Zum letzten Mal, tu Er seine Pflicht oder verlass Er Unsern Dienst. Wir finden hundert, die besser geeignet sind als Er."

Mozart wusste nicht mehr, was er sagte, so groß war seine Wut. „Ja, das glaube ich gern, Durchlauchtigster Herr! Dorfmusikanten, die auf Befehl jede gewünschte Belanglosigkeit hervorbringen, die entsprechen sicher eher Ihrem musikalischen Geschmack!"

Das war zu viel. Die Finger trommelten nicht mehr, sie umklammerten die Lehne. „Er ist ein liederlicher Kerl!", sagte der Erzbischof tonlos. „Scher Er sich weiter und lass Er sich an Unserem Hof nicht mehr blicken!"

„Bestimmt nicht, Durchlaucht", erwiderte Mozart kurz, wandte Colloredo *demonstrativ* den Rücken zu und lief hinaus.

Als der alte Mozart von dem Vorfall erfuhr, war er entsetzt. Wie konnte ein Musiker etwas werden, wenn er nicht am Hof eines Fürsten *etabliert* war! Er bekniete seinen Sohn so lange, bis der endlich bereit war, sich mit dem Oberküchenmeister des Erzbischofs, Graf Arco, zu treffen, um die Wiederaufnahme in salzburgische Dienste zu erbitten.

Der Graf empfing ihn einigermaßen freundlich und übersah zunächst Mozarts mürrische Laune und seine offensichtliche Unlust, demütigst um Verzeihung zu bitten.

„Glauben Sie mir, Mozart", sagte er,

Vivace
Musikstück mit raschem Tempo
Prestissimo
Musikstück mit sehr schnellem Tempo
demonstrativ
Auffällig
etablieren
Sich niederlassen

- *Orientiere dich in Sachbüchern oder im Lexikon über das Leben und das Werk Mozarts.*
- *Besorgt euch Kassetten von seiner Musik und Videos von seinen Opern, zum Beispiel der Zauberflöte!*
- *Sprecht im Musikunterricht über Leben und Werk Mozarts.*
- *Hatte Mozart mit seiner letzten Aussage in der Erzählung Recht?*
- *Wird besonders begabten SchülernInnen öfter verziehen als weniger begabten?*

„Sie lassen sich von Wien allzu sehr blenden; hier dauert der Ruhm eines Menschen nur sehr kurz." Er ließ sich herab, ihm leutselig auf die Schulter zu klopfen. „Schauen Sie zu, dass Durchlaucht Ihnen vergibt und dann kommen Sie wieder in unser gemütliches Salzburg."

„Als Lakai, den man wie ein Küchenmädchen kommandieren darf und der jeder Laune seines Herrn dienernd entgegenkomponieren muss?", fragte Mozart hitzig. „Niemals!"

Die Miene des Oberküchenmeisters verdüsterte sich. „Hören Sie, Mozart, mit Ihrer *Cholera* werden Sie bei Seiner Durchlaucht auf wenig Gegenliebe stoßen."

Er wurde wieder freundlicher. „Ich gebe ja zu, es ist nicht einfach mit ihm. Auch ich habe unter seinen Launen oft zu leiden. Was hilft es? Man muss es tragen."

Aber mit Mozart ging es wieder einmal durch. „Was müssen Sie schon tragen?", rief er. „Sie sind ja fast aus dem gleichen Holz geschnitzt wie er und was Ihnen dazu fehlt, das machen Sie wett, indem Sie ihn umschmeicheln wie die andern *Hofschranzen* auch!"

Der Graf war sprachlos und bleich vor Wut. „Was erlaubt Er sich!", brachte er schließlich hervor. Dann packte er, der groß und kräftig gebaut war, den schmächtigen Mozart am Kragen, schleifte ihn zur Tür und beförderte ihn mit einem Tritt in den Allerwertesten hinaus.

Mozart stürzte, rappelte sich aber gleich wieder auf und schrie: „Dieser Tritt, Herr Graf, ist das Einzige, was von Ihnen in die Geschichte eingehen wird, denn Ihr höchst belangloser Fuß ist soeben mit einem bedeutenden Hinterteil zusammengetroffen!"

Dann hinkte er davon, stellungslos und mit Schmerzen in der Kehrseite, aber hocherhobenen Hauptes.

Gesamtansicht Salzburgs um 1710 (Stich)

Vivat Blanchard!

Der 5. Juni 1783 ist das Geburtsdatum der Luftfahrt. Die Brüder Montgolfier ließen in Frankreich erstmals einen Heißluftballon aufsteigen. In den folgenden Jahrzehnten stieg die Begeisterung für Ballonfahrten. So auch bei Jean-Pierre Blanchard (1750 – 1809), der 1785 als Erster mit dem Ballon den Ärmelkanal überquerte. In Calais landete er in Unterhosen. Um Höhe zu gewinnen, hatte er alles Überflüssige über Bord werfen müssen. Als tüchtiger Geschäftsmann führte er seine Luftfahrtkünste an den verschiedensten Orten vor.

„Ausführliche Beschreibung der achtundzwanzigsten Luftreise, welche Herr Blanchard den 12. November 1787 zu Nürnberg unternahm und glücklich vollzog."

So lautete der Titel der Flugschrift, die uns von der Ballonfahrt des glücklichen Abenteurers Blanchard aus Frankreich erzählt. Seit langer Zeit waren die Nürnberger nicht mehr so aufgeregt und gespannt gewesen, wie in den Oktober- und Novembertagen des Jahres 1787. Ja, es durfte keine Ratssitzung mehr stattfinden, was seit Menschengedenken nicht mehr vorgekommen war. Die Spannung wuchs, als ein schwerbeladener Wagen mit den Füll- und Luftfahrtgerätschaften aus Leipzig eintraf, der auf der Stadttheuwaage 43 Zentner schwer befunden wurde. Die Stadtobrigkeit tat alles, um den Schaulustigen nicht nur Vergnügen und Bequemlichkeit zu bereiten, sondern sorgte auch für ihre Sicherheit. Der Aufstieg sollte daher außerhalb der Stadt auf dem so genannten Judenbühl stattfinden.

Endlich kam der zwölfte November heran. Es war ein festlicher Tag. Die meisten Läden in der Stadt machten gar nicht auf. Gleich nach der Öffnung des Tores strömten die Men-

Ballonfahrt im 18. Jahrhundert

Heißluftballon der
Brüder Montgolfiere, 1783

Dragoner
Reiter beim Militär
Schanze
Hier: Verteidigungsanlage
vor der Stadt
Fuß
Altes Längenmaß; zwischen 24 und 35 cm.

schen hinaus an den Ort des mit Spannung erwarteten Schaupieles. Buden und Zelte waren draußen errichtet, mit Speisen und Getränken. Musikanten spielten auf. Von allen Seiten strömten neue Zuschauer auf Pferden und in Kutschen herbei; sie wurden von *Dragonern* auf die ihnen bestimmten Plätze gewiesen. Sechzigtausend Schaulustige drängten sich in bester Ordnung auf dem weiten Platze. Dazu kamen noch die vielen Tausende, die von den Mauern und Türmen, von den *Schanzen* und Gartenhäusern aus hinausspähten zu dem Holzverschlag, wo der muntere Herr Blanchard eifrig tätig war.

„Er ist schon seit ein Uhr früh auf dem Platze, um nach dem Rechten zu sehen! Gestern ist er wie vor jeder Auffahrt in der Kirche zur Kommunion gegangen", erzählten sich die Wartenden.

Um neun Uhr ertönten drei Böllerschüsse, das Zeichen, dass mit dem Füllen begonnen wurde, um zehn Uhr geschah das zweite Signal mit zwei Schüssen. Noch war nichts zu sehen, doch da! Erhob sich nicht die gerundete Hülle über den Bretterverschlag? Immer deutlicher wuchs die Rundung aus den Brettern hervor. Ein Böllerschuss gab das dritte Zeichen, dass der Ballon gefüllt sei.

Um 11 Uhr 26 krachten vier Böllerschüsse, Trompeten schmetterten und Pauken dröhnten. Majestätisch und schnell schwebte der Ballon ganz über den Verschlag heraus. Der Luftschiffer winkte, das an seiner

Gondel befestigte Seil loszulassen, und erlitt dabei nicht die geringste Erschütterung. Mit bangem Entzücken und frohem Staunen über dies herrliche Schauspiel war eine feierliche Stille verbunden. So wie bei schöner Witterung der Rauch als eine Säule emporsteigt, so gerade stieg auch die durchsichtig scheinende Kugel mit dem Luftschiffer auf.

Als Herr Blanchard im Aufsteigen ein Sandsäckchen ausleerte, um höher zu steigen, bemerkten einige Personen, dass er öfters die Seile eines Netzes auf eine Seite zu anzog, was sie auf den Gedanken brachte, ob er nicht dadurch etwa dem Ballon eine bestimmte Richtung geben könnte, weil sein Ballon vom Aufsteigen bis zum Niedergehen den Weg eines umgekehrten Fragezeichens machte. Vielleicht war es aber nur eine Mutmaßung.

Nun grüßte er mit zwei Fahnen zur Menge und zur Stadt herunter. Ein lautes Vivatrufen und Händeklatschen antwortete ihm. Noch immer stieg er gerade in die Höhe, wandte sich dann etwas südwestwärts dann nordwestwärts. Jetzt schien er nur noch so groß wie eine mittelmäßige Schießscheibe zu sein, er hatte nach zwölf Minuten die größte Höhe von 4 800 *Fuß* erreicht. Kein Auge wandte sich von dem Wunder, alle Blicke hingen wie gebannt an der leuchtenden Kugel.

Da löste sich etwas von ihr! Langsam schwebte es herunter, fünf Minuten brauchte es, bis es den Boden erreichte und in einem Samenfeld wohlbehalten landete. Der Luftschiffer hatte der Menge seine Erfindung des Fallschirmes vorgeführt und ein Hündchen als Luftfahrtversuchstier benützt.

Jetzt drehte der Ballon mehr seitwärts, die Menschenmenge folgte mit den Blicken und bewegte sich schließlich wie ein großer Ameisenhaufen ebenfalls seitwärts der Richtung des Ballons nach und dann immer schneller, wie er sich entfernte. Schließlich lief und rannte alles, was laufen konnte, zu Fuß und zu Pferde, über Hecken und Gräben und über Felder und Wiesen. Recht hinderlich waren für die Fußgänger, besonders für die Frauen, die stehengebliebenen Stängel und Strünke auf den Feldern. Man stolperte, hielt sich, stürzte und purzelte übereinander und es gab ein großes Kreischen und Gelächter. Wer einmal im Strom war, musste mitlaufen und mitfallen.

Herr Blanchard flog unterdessen in nördlicher Richtung weiter, immer kleiner wurde sein Ballon. Nun war er nur noch so groß wie ein Zwirnknäuelchen, aber er blieb immer sichtbar.

Plötzlich um 12 Uhr 12 bemerkten die Schaulustigen, dass er ziemlich schnell zu sinken begann. Alles drängte in die Richtung nach Braunsbach zu. Bauern aus der dortigen Gegend waren die ersten, die das Seil aus dem herabschwebenden Wunderball hängen sahen und zugriffen. „En bas, en bas!", d. h. niederziehen, rief der Lenker des Luftschiffes aus seiner Gondel. Sie aber verstanden kein Französisch und meinten, sie sollten loslassen. Fast wäre etwas Törichtes geschehen, da kamen auch Studenten zu Pferde und andere dazu. Nun begriffen die Leute, dass sie die Gondel mit den Händen fassen und niederhalten sollten, damit das Ding nicht wieder in die Höhe gerissen würde. Die Hilfsbereiten staunten, denn sie meinten immer, tragen und heben zu müssen, während sie doch niederziehen sollten.

Nun packten sie fest zu, immer mehr drängten herbei. Der Luftfahrer konnte gar nicht aussteigen. Wie eine Birne hing sein noch zu Dreivierteln gefüllter Ballon über ihm, als er wie im Triumphzug in seiner Gondel stehend zurück zur Stadt gezogen wurde. Noch einmal bot sich der Menge ein herrliches Schauspiel als sich Blanchard beim Bretterverschlag wieder etwa vierzig Fuß in die Luft erhob und den Ballon in das Brettergerüst hinabsinken ließ, aus dem er aufgestiegen war. Ein Jubelgeschrei tönte ihm entgegen, die Musik setzte ein und überall wurde er mit dem nicht endenwollenden Ruf begrüßt: „Vive Blanchard! *Vivat!*"

vivat
Lateinisch: Er lebe hoch!

- *Versetzt euch inmitten der Schaulustigen und erfindet Gespräche, die sich zwischen ihnen abgespielt haben könnten!*
- *Sind euch Pannen bei der Vorstellung von Erfindungen der Jetztzeit bekannt? Berichtet darüber.*

Lesetipps

Carter, Peter: Kampf um Wien. Dramatischer Bericht über die Belagerung Wiens durch die Türken 1683.

Dumas, Alexandre: Die drei Musketiere. Abenteuerroman aus dem Frankreich des 17. Jahrhunderts.

Dumas, Alexandre: Die neuen Abenteuer der Musketiere. 20 Jahre nach ihren ersten gemeinsamen Abenteuern kämpfen sie wieder für ihren König.

Flament, Marc: Unter der Flagge des Teufels. Abenteuer eines französischen Kaperkapitäns in der Zeit Ludwigs XIV.

Frank, Karl A.: Krummschwert über Wien. Sachbuch über die Türkenbelagerung Wiens 1683.

Hamann, Brigitte: Ein Herz und viele Kronen. Darstellung der Lebensgeschichte Maria Theresias.

Mayer-Skumanz, Lene: Wolfgang Amadé Mozart. 18 locker aneinandergereihte Episoden aus dem Leben Mozarts.

Parker, Steve: Galileo und das Weltall. Leben und Werk des Mathematikers, Physikers und Astronomen unter besonderer Berücksichtigung der Auswirkungen seiner Entdeckungen auf unsere Zeit.

Röhrig, Tilman: In dreihundert Jahren vielleicht. Darstellung des unsäglichen Kriegselends in einem Dorf 1641.

Schreiber, Hermann: Sir Francis Drake. Beschreibung des Lebens des englischen Weltumseglers im Dienst Königin Elisabeths I.

Sutcliff, Rosemary, Simon der Kornett. In diesem Buch wird die Zeit des englischen Bürgerkriegs (1642 –1645), die Zeit der erbitterten Kämpfe zwischen den Anhängern des Königs und denen des Parlaments, lebendig.

Verwendete Literatur

Texte gekürzt und vereinfacht

Die Sonne Frankreichs
Originaltitel: Der Tageslauf des Sonnenkönigs, in: Otto Zierer, Hundert Geschichten aus 3 000 Jahren, Stuttgart 1969, S. 199 – 202.

Versailles und die höfische Gesellschaft (Bildgeschichte)
Unsere Geschichte, Arbeitsbuch für Schüler, Frankfurt/Main 1993, Heft 2, S. 22.

Zeig Er uns jetzt seine neumodische Werkstatt!
Originaltitel: Zu Nutz und allgemeiner Wohlfahrt, in: Geschichte mit Pfiff 10/1994, S. 5 –7.

Es geschehe Recht . . .
Hans Georg Noack, Streiter – Erben – Hüter, Baden-Baden 1964, zitiert nach Martin Kronenberg, Geschichte und Abenteuer 2, Bamberg 1993, S. 10 –14.

Zeitreise zu Kara Mustafa
Originaltitel: Endlich bei Kara Mustafa, in: Esther-Maria Lajta: Austria felix und die Kinder der Zeit, St. Gabriel 1995, S. 67–88.

Die Bettelbuben von Wien
Ilse König, Josef Ehmer: Vom nicht ganz einfachen Leben (Geschichte und Geschichten); Helmut Bräuer: Die Kälte des Dezemberschnees. Bettelkinder in Wien zur Zeit Leopold I., Wien 1996, S. 50 –76.

Pässe sind das kleinere Übel
Geschichte mit Pfiff 12/1990, S. 11 –13.

Monsieur Turgot lässt bitten!
Geschichte mit Pfiff 6/1989, S. 15 –18.

Kaiserliche und andere Kinder
Brigitte Hamann, Ein Herz und viele Kronen, Wien 1985, S. 12 –15.

Gespräch mit einem modernen Herrscher
Originaltitel: Bilanz eines modernen Regenten, in: Georg Markus, Tausend Jahre Kaiserschmarrn, Wien – München – Berlin 1995, S. 49 – 51.

Skandal in Salzburg! Oder: Genies haben es nicht immer leicht!
Künstlerlos am Fürstenhof. Harald Parigger: Geschichte erzählt, Frankfurt/Main 1994, S. 299 – 302.

Vivat Blanchard!
Fritz Klenk, Reisen damals und heute (Aus der Vergangenheit H. 1921), Stuttgart o. J., S. 14 –16.

Verzeichnis der Bildquellen

Aus: Hans E. Giehrl: Gestern und die Zeit davor, Verlag Ueberreuter, S. 3/1, 2, 3, 4, 5

Aus: Schmid, Fragen an die Geschichte 3, Hirschgraben-Verlag, Frankfurt/Main, S 3/6, 4/1, 2

Aus: Pierre Miquel, So lebten sie zur Zeit der Musketiere, Verlag Tessloff, Nürnberg, S. 5/1

Aus: Geschichte mit Pfiff 8/92, S. 5/2

Aus: Geschichte und Sozialkunde, 3. Klasse, Verlag Ueberreuter, Wien, S. 6

Aus: Geschichte kennen und verstehen, B8, Verlag Oldenbourg, München, S. 7

Aus: Geschichte mit Pfiff 6/84, S. 10

Aus: Geschichte und Sozialkunde, 3. Klasse, Verlag Ueberreuter, Wien, S.11

Aus: Geschichte mit Pfiff, 10/94, S. 12

Aus: Geschichte und Sozialkunde, 3. Klasse, Verlag Ueberreuter, Wien, S.13

Aus: Geschichte kennen und verstehen, B8, Verlag Oldenbourg, München, S. 14, S. 15

Aus: Geschichte und Sozialkunde, 3. Klasse, Verlag Ueberreuter, Wien, S.17

Aus: Katalog: Schausammlung – Hist. Museum der Stadt Wien, S. 18/1

Aus: Esther-Maria Lajta, Austria felix, Verlag St. Gabriel, Wien, S. 18/2

Aus: Hans E. Giehrl: Gestern und die Zeit davor, Verlag Ueberreuter, S. 19

Gerhard Kuebel, Graz, S. 20

Aus: Schmid, Fragen an die Geschichte 3, Hirschgraben-Verlag, Frankfurt/Main, S. 21

Aus: Lein, Die Türken vor Wien 1683, S. 22

Aus: Hans E. Giehrl: Gestern und die Zeit davor, Verlag Ueberreuter, S. 25

Gerhard Kuebel, Graz, S. 26

Aus: Geschichte mit Pfiff, 12/90, S. 27

Aus: Geschichte und Sozialkunde, 3. Klasse, Verlag Ueberreuter, Wien, S. 28

Aus: Domandl, Kulturgeschichte Österreichs, ÖBV, Wien, S. 29

Aus: Pierre Miquel, So lebten sie zur Zeit der Musketiere, Verlag Tessloff, Nürnberg, S. 31/1

Aus: Geschichte kennen und verstehen, B8, Verlag Oldenbourg, München, S. 31/2

Aus: Schmid, Fragen an die Geschichte 3, Hirschgraben-Verlag, Frankfurt/Main, S. 32

Aus: Hans E. Giehrl, Gestern und die Zeit davor, Verlag Ueberreuter, Wien, S. 34

Aus: Domandl, Kulturgeschichte Österreichs, ÖBV, Wien, S. 36

Aus: Brigitte Hamann, Ein Herz und viele Kronen, Verlag Ueberreuther, Wien, S. 37/1, 2

Aus: Domandl, Kulturgeschichte Österreichs, ÖBV, Wien, S. 38

Aus: Geschichte und Sozialkunde, 3. Klasse, Verlag Ueberreuter, Wien, S. 39

Aus: Georg Markus, Tausend Jahre Kaiserschmarrn, Verlag Amalthea, Wien, S. 40

Aus: Domandl, Kulturgeschichte Österreichs, ÖBV, Wien, S. 41

Aus: Geschichte mit Pfiff, 11/91, S. 42/1, 2

Aus: Zeiten, Völker und Kulturen, Salzburg, ÖBV, Wien, S. 44

Aus: Geschichte mit Pfiff, 8/92, S. 45, S. 46

Nicht feststellbar: 8/1, 9/1